改訂版

CS教師のこころえ

サムエルとエリに学ぶ教師像

野田　秀

■CS成長センター■

改訂版の発行にあたって

本書は一九八九年に開催された「教会学校教師セミナー」において野田秀氏が行った講演を元に、野田氏自身が加筆修正してまとめた『CS教師のこころえ』（一九九〇年発行）が定本になっています。旧版が出されてから二十四年という年月が過ぎましたが、教会学校で大切な働きを担う教会学校教師のこころえは四半世紀をすぎても変わることはありません。しかし、『CS教師のこころえ』が最初に発行された当初と現在では、児童・生徒、教師、教会学校、教会を取り巻く状況は大きく変わってきました。

地域での子どもたちのための活動、学校の課外活動などが以前より活発になり、教会学校の生徒の減少は、本書初版の発行当時と比して劇的といってもよい状況です。ここ数年の教会学校教師セミナーの出席者からはそれぞれのきびしい現状が報告されています。そのようななか、なんとか現状を打開したいという教会学校教師の思いも伝わってきます。教会学校、児童伝道に重荷をもち、奮闘されている皆様の助けに少しでもなればと願い、二十四年ぶりに『CS教師のこころえ』を改訂新版として発行することとなりました。

この約四半世紀の変化についてどう考えるかについては野田氏が新たに一稿を書き加えて

ください ました。
私どもＣＳ成長センターでは教案誌「成長」の発行を中心に教会学校並びに児童伝道の働きに努めて参りましたが、この一書がさらに、教会学校の働きあるいは児童伝道の働きに奉仕されている皆様のお役に立つことを願っています。

ＣＳ成長センター編集部

目次

学びの前に

ＣＳ教師を務めることは、すばらしい特権であり、幸いです。同時にそれは、決してやさしくも甘くもない働きです。ですから、ＣＳ教師であるならば、だれしも自分がどんな教師であればよいのかということについて、一度ならず考えたことがあるに違いありません。

それは救いの経験が明確であることでしょうか。奉仕に熱心で生徒を愛していることでしょうか。それとも聖書をよく理解し、お話が上手なことでしょうか。あるいは何よりも祈りの人であることでしょうか。

それに答えることは、必ずしもやさしいこととは言えません。その答えは多様であり、そのどれもが大切であると思われるからです。ＣＳ教師として期待されるそうしたいくつもの要件を、より多く自分のものにすることが必要であり、またそれがバランスのとれた教師であることにもなります。

バランスのとれた教師と言いましたが、この本では「初々しさ」と「熟達」という対照的な性質を取り上げて、その点でバランスのとれたＣＳ教師になる必要について、述べたいと思っています。

そこでまず、バランスがとれているとはどういうことであるかということについて、少し説明をしておくことにしましょう。

バランスがとれていると言った時、ある人は、右でも左でもない、言わば中庸というイメージを抱くかも知れません。しかしここで言うバランスとは、それではありません。バランスがとれているとは、「互いに矛盾するように見えるものを、併せ持つこと」なのです。例えば、広さと狭さ、厳しさと優しさを同時に持つことであって、その中間ではないのです。それは大変難しいことに違いはありません。しかし、それがバランスというものなのです。中間はしばしば、半端に過ぎないからです。

いくつかの例をあげてみましょう。

まず笑い話のようなことですが、ある人が学校の先生について昔と今を比べ、昔は「雀の学校の先生」であり、今は「めだかの学校の先生」であると言いました。

二つの童謡の歌詞を見てください。

すずめのがっこうのせんせいは

むちをふりふりチーパッパ
チーチーパッパ　チーパッパ

めだかのがっこうのめだかたち
だれがせいとかせんせいか
だれがせいとかせんせいか
みんなでげんきにあそんでる

二つの歌に表れているように、昔の学校の先生は、厳格で高いところから教えるという感じであり、最近の先生は優しく友だちのようだというわけです。さて、先生というのは一体どちらがよいのかと言ったら、恐らくはどちらとも言えず、もし可能ならば、この両方の性質を持てれば最も理想的であるということにならないでしょうか。

先生について言えば、この二つのパターンの中間ではなく、二つを併せ持つことがバランスがとれているということなのです。この点は、ＣＳ教師にも当てはまることかも知れません。

次に私たちの信仰の世界を考えてみましょう。

よくパウロは信仰を強調し、ヤコブは行いを強調したと言われます。信仰と行いについて言えば、結局聖書は、そのどちらも大切だよ、そのどちらだけでもいけない、両方なんだよと言っているわけです。つまり信仰と行いを併せ持っているのが、バランスのとれた信仰であるというわけです。

私たちの教会のあり方についても、同じことが言えます。

教会は保守的であるべきでしょうか、進歩的であるべきでしょうか。伝統を守るのがよいのでしょうか、新しいものを取り入れていくのがよいのでしょうか。自分たちの信仰的な立場に確信を持っていればよいのでしょうか、それとも絶えずそれに検討を加えていくべきなのでしょうか。こうしたことも案外、それぞれのどちらかに偏りやすいものですが、バランスのとれた教会とは、両方を併せ持った教会がそれではないでしょうか。

私たちの人格とか品性の問題はどうでしょうか。

明るさと落ちつき、まじめさとユーモア、妥協をしない強さとその場に応じた協調性など、相容れないかに見える性質が一人の人物の中に共存しているとすれば、それこそバランスのとれた人格であるということになります。

こうした点で私たちの最高のお手本は、何と言っても主イエス・キリストであります。聖書の中に知ることのできる主のご人格は、まさに調和という点でこれ以上のものを見ることはできません。

だれからも忘れられたような小さな存在に目をとめながら、一方ではおびただしい群衆に向かって語られました。宮で商売する者にむちを振るう激しさと、朝早く寂しい所で祈る静かさは、別人のものではありませんでした。母マリヤや弟子のペテロに冷たくさえ見えるけじめを示しながら、同時に温かい配慮をお忘れにはなりませんでした。疲労して小舟にぐっすり眠るのも、疲れを知らないかのように働くのも、同じイエス・キリストでした。

だれかのことばに「リーダーは、地平線のかなたと足もとを同時に見ていなければならない」という意味のものがありましたが、主はその点でもすばらしいリーダーでした。常に人々の目を天と永遠に向けさせながら、現実の問題にもしっかりと取り組んでおられたからです。

主イエス・キリストに見られるこうしたバランスのとれた人格は、聖霊によって私たちのうちにも結ばれていくことが可能であり、期待されているものなのです。ＣＳ教師として尊い奉仕に当たる方々は、ぜひそのことを自らの課題あるいは目標としていただきたいものです。

以上の例によって、バランスということを理解していただけたと思います。

その理解に立って、この本ではすでに述べたように「初々しさ」と「熟達」という二面において、バランスのとれたＣＳ教師を目標に、サムエルとエリという二人の人物から学んでいこうと思います。

サムエルに学ぶ初々しさ

サムエルに学ぶことができるのは何と言っても、その初々しさです。

どんな世界においても、初々しいということは人の心に感動を与えます。それはＣＳ教師にも望まれることであり、もう何年も奉仕している教師であっても、もし初々しさを失わずにおれたならばそれは本当に貴いことであると思います。

サムエルはここで、少なくとも三つのことを初めて経験しました。初めてであることが、彼に初々しさを与えました。その三つのことは、ＣＳ教師が奉仕をしていく上でみな必要なことばかりです。それは何だったでしょうか。

一　初めて聞いた神のことば

Ⅰサムエル3章を注意深く読んでみましょう。

この夜、サムエルは初めて神のことばを聞きました。

「サムエルはまだ、主を知らず、主のことばもまだ、彼に示されていなかった」（Ⅰサムエル3・7）とありますから、サムエルは小さい時から神の宮に仕えてはいましたが、この時まで自分自身に対する神の直接的なことばを聞いたことはなかったのです。ところがこの日、神は寝ているサムエルに初めて声をおかけになりました。

初めてであったからでしょうか。彼はそれをエリの声と聞き違えます。しかし、それはまぎれもなく、神ご自身の声でした。これがサムエルが、彼に向けて神が語られたことばを聞いた初めての経験でした。

サムエルは乳離れした時から祭司エリのもとで育ち、この時にはそろそろ十歳を越える年ごろになっていたものと思われます。聖書では「少年」といわれています。

エリについては「エリは非常に年をとっていた」（同2・22）と書かれていますから、正確にはわかりませんが、すでにかなりの高齢であったようです。

この聖書の箇所には、ある一夜とその翌日のこの二人のやりとりと、二人に対する神の扱いが書かれているわけですが、それらは私たちに多くのことを教えてくれる、大変興味深いものです。

言うまでもないことですが、サムエルもエリも今で言うＣＳ教師ではありません。サムエルはむしろ生徒の立場にあったと言えるでしょう。エリは教える立場にこそありましたが、自分の息子たちの罪をやめさせることができず、それを放置しておいたために、この時すでに神の信任を失っていました。

つまり、そのどちらにも、模範的なＣＳ教師像を重ねることは本来難しいといえます。しかし、この二人の姿から、ＣＳ教師として奉仕する人たちがもっていたいものをくみ取っていこうとするのが、この本の内容であります。

ＣＳ教師にどうしても必要なことは、神のことばを聞くことです。なぜなら、ＣＳ教師は神のことばを伝えなければならないからです。そのためには、次の三つのことを心にとめてください。

「神のことば」を、聞く。

「個人的」に、聞く。

「いつも初めてのように」、聞く。

この三つが大切です。

それでは私たちが神のことばを聞くことにおいて、いつまでも初々しくあるための秘訣は何でしょうか。それはあらゆる点で、もうわかっているとしないことです。ふしぎなもので、私たちはある一つのことについて、もう自分はわかっていると思ってしまうと、初々しさを失うのです。

ではCS教師が神の声を聞き続けるためには、どのようなことを心がけたらよいのでしょうか。二、三のことをあげておきましょう。

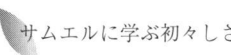

1　聖書を読むこと

私たちが神から語りかけられるのは、何と言ってもまずそれは聖書からであることは、すでにお互いが経験していることでありましょう。偉大な神がこの私に直接語りかけてくださるということを、聖書を読むたびに実感できる人は幸いです。

ところが、

「この私が」

「聖書のことばそのものを」

「実際に読む」

ことをせずに、もうわかっているとしてしまっていたら、それは神の語りかけに耳をふさいでしまうことになります。忙しさがそれを妨げることもあるでしょう。怠け心がそれをさせないこともあるかも知れません。

最近では聖書朗読をCDやPCなどさまざまな端末で聞くことができます。映像による聖書物語を見ることもできます。これらのものがもっている特長が生かされ、大いに用いられればよいと思います。けれども、CS教師は、自分で聖書を開き、実際に読むということを奉仕の原点に置いておくことが必要です。聖書の一字一句に神のメッセージが込められているからです。聖書そのものを読む、それを怠ってはならないのです。

ところで、わかったこととしていないかということのテストとして、ここでクイズを出してみましょう。

主はサムエルを「サムエル。サムエル」とお呼びになりました。途中でサムエルはエリに呼ばれたと思い、エリのところへ行き、同じことが数回繰り返されます。では結局、主は合計何回サムエルを呼ばれたでしょうか？　これが問題です。

よく知られた話というものがあります。ＣＳ教師ならば、内容も十分理解しているはずですが、これもその一つでしょう。しかし意外に理解していないのも事実なのです。

さて、答えは三回でしょうか。四回でしょうか。それとも五回でしょうか。自分で調べてみてください。

聖書は、どれだけ繰り返し読んでも、読み足りたとか、もうこれ以上ここからくみ取るものはないと言えるような域に達することは、決してありません。もし私たちが聖書をほどほどに読み、ザアカイの話でも放蕩息子の話でも、もうわかっている、いつでも生徒に話せるとでも思っているとしたら、とんでもない思い違いをしていることになります。

もうわかっていると思いやすいその箇所からまた新しい発見をし、神がこの私に語っていてくださることがわかるには、とにかく読む以外に道はないのです。聖書を神のことばとして、私への神の語りかけとして、実際に、根気よく、注意深く、とにかく読むのです。

神学校でよく言われました。説教のために聖書を読むようになるな、と。それは自分のために読めということだったのです。同じことがCS教師にも当てはまります。生徒に話すその箇所を読むにも、主が新しく私に語っておられると思いながら読むのです。初めてそこを読む思いで読むのです。

このことの助けとするために、私が用いている聖書の読み方を一つ紹介しておきましょう。それは書き込みや傍線の引かれた聖書とは別に、何も書き込んでいない聖書を持つことです。例えばそれを朝の祈りの時に使います。線が引いてあったりすると、どうしても先入観をもってそこを読みやすいのですが、まっさらな聖書なら、よく知られた箇所でさえも新しい気持ちで読めるわけです。

方法はとにかく、何年たっても、まさにサムエルのように「お話しください。しもべは聞いております」という姿勢で聖書を読み続けるなら、私たちはいつも神のことばを聞くことにおいて、初々しくあることができるでしょう。

2　教えられやすいこと

教師は確かに教えるということが大切な使命であることに、違いはありません。しかしよく教えるために、自分も人から教えられ続けなければならないのです。よく言われることですが、教えられやすい性質を保つことがどうしても必要なのです。

謙虚な心さえもてば、信仰の先輩から、あるいは仲間から、ある時には自分が教えている生徒からすら、教えられることが限りなくあるはずです。ところが私はCS教師だ、生徒たちに教えてやるんだと力んでいると、自分自身は神の声がちっとも聞こえなくなり、結局失敗してしまうことになります。

神学校を出たばかりの青年が、キリスト教についてなら何でも知っているという自信に満ちて、ある教会の礼拝で説教することになりました。

彼の説教題は「わたしは父の家に行く」というものでした。多分、ヨハネの福音書14章からの説教だったのでしょう。ところが意気込んで講壇に立ったものの、すっかりあがってしまって、ことばが出てきません。そこで彼は「わたしは父の家に行く」と、題を言ってみました。しかしそれに続くことばが、どうしても出てこないのです。もう一度題を言えば何とかなるかと思い、「わたしは父の家に行く」と言ってみたのですが、悲しいことに同じことでした。立ち往生してしまった青年は、どうにもならなくなり、恥ずかしさに顔を赤らめながら壇を降り、前の通路から出て行こうとしました。その時、一番前の席の端に座っていたその教会の老牧師が、柔和な顔でこう声をかけたそうです。

「家についたら、お父さんによろしくね」

この温かいユーモアに救われた青年は、改めて心を砕かれ、後には有用な神の器となったということです。

同じようなことが、ＣＳ教師になって間もない人にもあり得るかも知れません。教えてやるんだという姿勢は禁物です。

これと反対に、あなたが経験豊かな教師である場合のことも考えてみましょう。

その場合、あなたが生徒たちに向かってよどみなく、魅力的にメッセージを語ることができたとしても、他の教師が話す時にはうわのそらであったり、未熟な教師の話に対してただ批判しているだけであるとしたら、あなたは教えられやすい人とは言えないでしょう。

他の教師が子どもたちにメッセージを語っている時に、それは生徒たちにだけ向けて語られているのだと思ってはなりません。主はその時にこの私にも語っておられるのです。そのことを忘れてはなりません。

ついでながら、教会学校の礼拝の中にある教師の態度にも注意したいものです。

礼拝の中で教師自身が礼拝をしていないことがあるのです。教師は教師である前に、礼拝者でなければなりません。子どもたちの礼拝には違いありませんが、生徒たちとともに教師も礼拝をささげるのです。教えたり、世話をしたりする前に、礼拝するために自分がそこにいるのだということをいつも思い起こしてください。

子どもの賛美歌を真剣に歌いましょう。お話を一生懸命に聞きましょう。お話をする時は、主を仰ぎながら話しましょう。

とにかく教えられやすい教師であること、これを幾度も自分に言い聞かせてください。

3　生徒の視点に立つこと

幼い子どもが最も神に近い存在であることは、「子どもたちを許してやりなさい。邪魔をしないでわたしのところに来させなさい。天の御国はこのような者たちの国なのです」（マタイ19・14）というイエス・キリストのことばによっても明らかです。そうだとすれば、私たちが子どものようになることが、最も神のことばを聞きやすいということになります。

幼い子どものすばらしさについて、A・B・シンプソンは次のように言っています。

「さらに幼な子は、われわれに世俗的でないことについて多くを教えている。ピカピカした安物の飾りも、宝石を散りばめた王冠と同じように、幼児にとっては喜びである。それは、両者の相違を知りもしなければ、また知ろうともしないからである。母親の微笑は、群衆の拍手喝采よりも幼な子を喜ばせることであろう。このことは、神に全く自分を献げたところから来た崇高な感覚にあって、この世に対して全く死ぬことをわれわれに語り、また主の中に吸収せられ満足させられる心について語りかけている」（『マタイ伝のキリスト』いのちのことば社）

大人であるCS教師の方が知識的にははるかに成長し、優れてもいるわけですが、だからといって教師が神の前に勝っているわけでもなければ、物がわかっているわけでもないのです。ですから教えるためにも、また教えられるためにも、私たちが生徒である子どもの視点に立ってみることが、大切になってきます。

私が子どものころ、食事をする度に家族が囲む円い食卓がありました。当時はそれを〝ちゃぶだい〟と言いました。幼かった私はその周りを走り回ったり、その上で本を読んだりしながら育ちました。そして私の感覚の中に記憶されたそのちゃぶだいの大きさと広さがありました。何十年もたって、ある時そのちゃぶだいを親の家で見た時に、「あれ、こんなに小さかったのか」と感じたことを覚えています。もちろん、ちゃぶだいが小さくなったのではなく、私が大きくなったのです。

これは単なる視覚の問題ですが、物の見方やとらえ方において、子どもの方がよほど鋭かったり、新鮮であることがあります。

ラジオに、子どもが電話で質問を寄せる番組がありますが、「蛇のしっぽは、どこからどこまでですか」とか、「お母さんは私がお皿を割ると怒るのに、自分が割ると笑っていますがどうしてですか」などという問いを聞くと、思わず吹き出しながらもはっとさせられることがあります。

「童心に返る」ということばがありますが、時々、自分の背丈を生徒のところまでおろしてみることが、意外な発見を生み、謙虚さを与え、ひいてはそこに神のメッセージがあることに気づきます。

ＣＳ教師が、知り得た知識や覚えた聖書のお話を、ただ生徒たちに高い視点から与えるというイメージではなく、むしろすばらしい聖書の世界とキリストの福音を、子どもたちと共有しているのだという喜びの中で奉仕することが幸いではないでしょうか。

いずれにしても、私たちがいつも初めてのように神の声を聞き続けられるように心がけていきたいものです。それが初々しさを与えてくれるからです。

二　初めて祈った祈り

あなたは、生まれて初めて祈った祈りを覚えていますか。

初めて祈った祈り、それは神というお方に向かって、初めて心を開いた時、初めて語りかけた時という意味で、何と厳粛で幸いな瞬間であったことでしょうか。

ある人は、牧師や先輩の信仰者が言うとおりにあとについて、それこそ幼子のようにたどたどしく祈ったことでしょう。ある人は、罪と恥とにおののきながら、ことばにもならない祈りをささげたのであったかも知れません。

クリスチャンホームに育った人は、小さい時から祈ることは知っていたわけですが、それもどこかで一つの大きな転換を与えられることによって、祈りが変わるというような経験に導かれた人が多いのではないでしょうか。

いずれにしても、生涯のどこかで、この「初めて祈った祈り」をもつことが必要であり、また、折にふれて、それを思い出してみることを、お勧めします。

ところが、サムエルの場合はどうだったのでしょうか。彼は乳離れした時から神の宮に仕えたのですから、信仰的には、これ以上の環境はないところに幼時を過ごしたわけですが、すでに触れたように、この夜まで、個人的な信仰経験と言えるものはなかったのです。

しかしこの夜、彼は初めて神に向かって語ります。それが、

「お話しください。しもべは聞いております」（Ⅰサムエル3・10）のことばなのです。

ですから、これはサムエルが初めて祈った祈りです。これはまた、何と初々しい祈りでしょうか。祈ることに慣れてしまった者には、ハッとさせられるような祈りです。

なぜこの祈りが、それほどまでに初々しいのでしょうか。それはこの祈りが、

「初めてのもの」であり、

「師に教えられた、非常に短いもの」であり、

「ひたすら聞くことに徹したものであった」からではないでしょうか。

これまでもサムエルは、いわゆる祈祷文のようなものを唱えることは知っていたかも知れません。けれども、個人的に祈ったのはこれが初めてだったのです。初めての経験、それは何事においても新鮮さを意味していますが、ことさらに神さまとの間にもつ経験であれば、感動なしにはあり得ないものであったはずです。そこに初々しさの秘密がありました。

しかもその祈りは、エリが、今度呼ばれたらこう申し上げなさいと教えてくれたものでし

た。サムエルの祈りは、師に教えられた祈りでした。それは簡潔で、短いものでした。サムエルはそれに素直に従います。彼のその素直さが、この祈りを一層初々しいものにしているのです。

ところで、サムエルはエリが教えたとおりに神さまに応答したでしょうか。聖書を学ぶ時に、こんなことにも注意すると、なお興味がわくことでしょう。

聖書を読めばわかるとおり、少しだけ違っていました。エリが教えたものには「主よ」ということばがありますが、サムエルの応答にはそのことばがないのです。なぜそうなのかはわかりません。その理由を考えたり、話し合ってみるのも楽しい学びではないでしょうか。

ついでながら、同じような例が、放蕩息子のたとえ話の中にあります。

父のもとを離れ、遠い国で放蕩に財産を使い果たし、飢え死にしそうになった息子は父のところに帰ろうと決心します。その時、帰ったらこう言おうと、心に定めたことばがありました。しかし、彼が実際に父のところに帰り父に迎えられた時に口にしたのは、それと同じではありませんでした。ルカの福音書15章17～21節を読んでみましょう。

息子は用意したことばの全部を父には言ってはいません。

この箇所はイエス・キリストが実際に語られたたとえの記録ですから、必ずやある意味をもたせて、違えてあるはずです。それは何でしょうか。父は、息子が「雇い人のひとりにしてください」と言う前に、もういい、もういいと言わんばかりに、その帰還を喜んだということを、イエスは示したかったのではないでしょうか。ここにも興味深い学びがあります。

サムエルの祈りにもどりますが、彼の祈りが初々しいものであったもう一つの理由は、それが神に聞くという姿勢に徹していたことにあります。そこには一つの願い事もありません。訴えも求めも、叫びもありません。主のしもべが、主の語られることを聞くということ、祈りとはそこから始まるものです。

自分が神に語る前に神に聞く。神に叫ぶ前に神に聞く。神に求める前に神に聞く。それが祈祷に初々しさを与えます。たとえ苦しさややりきれなさのために、神のみもとに走り込んで、まず自分のもっている問題を何もかも神にぶちまけたとしても、ついには静かに語られる主の御声《みこえ》に耳を傾けるようになるのが、祈りに生きる者たちの経験する幸いなのです。

忙しい日々の生活の中で、ともするとそそくさとしたおざなりの願い事ばかりの祈りに終始しやすい私たちです。CS教師がもっともっと神に聞く姿勢をもったならば、どんなに祝福されることでしょうか。

「幸いなことよ。日々わたしの戸口のかたわらで見張り、わたしの戸口の柱のわきで見守っ

て、わたしの言うことを聞く人は」（蔵言8・34）

このみことばが示すように、日々神に聞こうとする者に、神も語らずにはおられないはずです。神に聞こうとせず、ただ生徒を教えようとするCS教師は、知識の伝達者ではあっても、生徒と神の恵みを分かち合う主にある兄弟とはなり得ないでしょう。「みことばを教えられる人は、教える人とすべての良いものを分け合いなさい」（ガラテヤ6・6）とあります。すなわち、まずよく神に聞く人が、人をよく教えることができ、聞く人と神の恵みを分け合うことができるのです。

サムエルの祈りは初々しい祈りでした。その理由を学びました。同じような意味で、祈りの生活において初々しいものを失わない教師は幸いです。

では、CS教師には、どんな祈りの場があるでしょうか。

1　個人の祈りの場

まず何と言っても、個人的な祈りの時をゆるがせにするわけにはいきません。

かつては「密室」ということばで表され、最近では「デボーション」という英語で言われる一人で祈る時間です。あなたは一日のうちにどんな時にどんな場所で個人的な祈りの時間をもっていますか。それはクリスチャンならば誰もが必要としている、神との個人的な、そして最も楽しい交わりの時です。

時間的に余裕があり、また空間的にも場を与えられている人は、そのような環境が与えられていることを感謝して、聖書をよく学び、祈りに打ち込んでください。

けれども人によっては、それがなかなか難しいこともあるでしょう。忙しい生活、疲労の重なる肉体、煩わしい人間関係や責任ある仕事を抱えながら、十分な祈りの時を確保することは決してやさしいことであるとはいえません。しかしCS教師にこれが欠けてくるとしたら、問題です。そのことはそのまま奉仕に反映することですから、何としてでもこの時間をとるように努力しなければならないのです。

私はわずか一年間ですが、会社に勤めたことがありました。まだ独身で、下宿生活をしていた頃のことです。会社までは二時間弱かかるので、毎朝五時半に起きて出かけなければなりませんでした。

その頃、私が神と交わる時間は三つありました。まず、通勤の電車の中です。幸い座れた時はかえって寝てしまったものですが、そうでない時は、つり革につかまりながら祈りました。もちろんまとまった祈りができるわけではないのですが、心の中で主といろいろ問答したものです。これはだれでも、いつでもできる祈りです。

次は、昼休みでした。それは主として、信仰書に親しむ時間でした。例えば今でも手元にありますが、後に牧師になった友人にプレゼントされたバンヤンの『天路歴程』を夢中で読みました。同僚にとってはつきあいの悪い存在であったことは否めませんが、私にとってはすばらしい神との交わりの時間でした。

朝が早いため、ゆっくり聖書を読み、祈れるのは夜でした。疲れてしまって、いつもいつもそれを十分にできたわけではありませんでしたが、少しずつ少しずつ主に近づけられた時間だったと記憶しています。

余談ですが、以前、私は頼まれてある人の葬儀を司式することになりました。未知の人のつもりで引き受けたのでしたが、何とそれはあのころ同じ会社の同じ部屋で仕事をしていた人だったのです。それがきっかけで、その方の奥さんが後に洗礼を受けられました。私は今でも、あのころ日々に祈った小さな祈りが、思いがけない形で三十年も後に聞かれたのだと信じています。同じようにあなたの現在の祈りが、ＣＳ教師としての奉仕が、何十年も先になって実を結ぶこともあるのです。

工夫し、努力して、時と場所をとり、神との個人的な交わりをもつようにしましょう。たとえそれが断片的であったとしても、決して無意味ではありません。個人的に主の前に出ることなしに、生徒の前に出ることがあってはならないのです。

2　教会学校あるいは教師会という祈りの場

ＣＳ教師は教会学校の働きの中で、しばしば祈る機会があります。教会学校の礼拝で、担当するクラスで生徒とともに、また礼拝の前や教師会の時に仲間の教師と祈り合います。教会学校の働きに限っただけでも、ずいぶん祈りの場があります。

毎週毎週のそうした祈りの機会に、いつも新鮮に、そして心から祈れることが望ましいことはいうまでもありません。しかもその場その場に応じて、祈りのことばや内容も違わなければなりません。教師会で祈る内容は担当するクラスで祈るのと同じではあり得ません。幼児のクラスで「神よ、こうこうしたまえ」などと祈る教師はいないでしょう。考えてみると、私たちは祈りにおいて絶えずこうした、一種の使い分けをするわけですから、なかなか大変で難しいことをしていることになります。それほど意識しないで、できる人が多いと思いますが、慣れた分だけ心がこもらないということになりかねません。

生徒たちの前で祈る時には、その年齢にふさわしいことばで、簡潔にわかりやすく祈りましょう。教師の祈りが難しいために、生徒にとって祈りというものが「スィボレテ」にならないように注意しましょう（士師12・5〜6）。だからと言って、わざわざ幼児語を使って祈る必要もありません。

教師どうしで祈る時には、同労者たちの一人として率直に熱心に祈りましょう。決してやさしいとは言えないCS教師の働きを続けていくために、教師どうしの祈りがお互いの奉仕の支えなり励ましとなるような祈りができたらどんなに幸いでしょうか。

いずれにしても、その場に応じたふさわしい祈りでありながら、それが純粋に神への語りかけであるようでありたいものです。

3　教会の祈祷会という祈りの場

もう一つ、CS教師の祈りの場として、それぞれの教会の祈祷会を加えておきます。つまりCS教師にはできるだけ、教会の祈祷会に出席してほしいのです。

祈祷会のもち方や内容は教会によって違いますし、教師個々の事情も異なりますから、祈祷会に出席することがどうしても難しい人もあるでしょう。それはそれとして教会の祈祷会について、理解しておくことは、決して無駄ではないと思います。

CS教師にとって、なぜ祈祷会に出席することが必要なのでしょうか。

イ　祈祷会に出席することによって、教会をよく知ることができる

教会の中心は礼拝にあることは言うまでもありません。そして礼拝に出席することによって、自分の教会を理解することはもちろん可能です。しかし、教会の痛みや重荷、あるいは喜びや感謝は、むしろ祈祷会においてこそ、身にしみて味わうことができるのです。それは一般に祈祷会では、礼拝の時以上に祈祷課題が詳しく、あるいは私的に出されることが多く、また信仰のあかしや、牧師のスピリットなどに触れる機会に恵まれるからです。

教会学校は教会の働きの大切な一部です。その大切な一部に教師として加わっている人が、自分の教会についてあまり理解していないとしたらどうでしょうか。教会をからだになぞらえたパウロのたとえではありませんが（Iコリント12章）、手なら手、足なら足が、からだ全体とは関係なく、勝手に動こうとするようなものになりかねないわけです。教会をよりよく知っているCS教師が、よりよいCS教師ではないでしょうか。

□ 祈祷会に出席することによって、教会学校をよく知ってもらい、祈ってもらえる

教会学校の働きやその課題について、教会の人々に知ってもらい、祈ってもらうためには、いろいろな機会と方法があります。その中でも祈祷会は、最も大切なひとときなのです。CS教師が祈祷会で折あるごとにあかしや報告をし、課題について訴え、祈りを願うなら、そしてそれにこたえて集まった人たちが心から祈るとしたら、神がその祈りを放っておかれるはずはないのです。

私たちの教会の祈祷会が、CS教師にそうした期待をもたせられないものであってはなりませんし、また私たちが祈祷会に対してそうした期待をもたず、そうする努力も払わないCS教師になってもならないのです。

いずれにしても、CS教師があらゆる祈りの機会に初々しく祈り続けることができたら、どんなに幸いでしょうか。

三　初めて語った神のメッセージ

最後にもう一つ、サムエルにとっての初めての経験がありました。それは神のメッセージを伝えるということでした。

そのメッセージは、

『黙示』（Ⅰサムエル3・15）とあるように、文字どおり上よりのメッセージ」であり、

「その内容は、エリが息子たちの悪を知りながら戒めなかった罪に対する、断罪の宣言」であり、

「そうであるゆえに、サムエルはそれをエリに語ることを恐れるもの」でした。

しかし神がサムエルに何かをお告げになったと確信していたエリは、ためらうサムエルにその内容を明かすように迫ります。隠しておくことができないと知ったサムエルは、神が語られたとおりにすべてを話します。

これはサムエルが伝えた、神のメッセージの最初のものであったわけです。その後サムエルは、預言者として生涯にわたって数多くのメッセージを語ります。ある時には祝福のメッ

セージを、またある時には罪を責める悲しみと嘆きのメッセージを語りました。同胞であるイスラエルの民全体に向かって語り、またサウルのような指導者に対して個人的に語りました。

そうした数多くのメッセージの中で、エリに向かって語らなければならなかった神のことばは、サムエルにとっても生涯、忘れることのできないものになったに違いありません。それを告げなければならなかった自分の心のおののき、それを打ち明けられた時にエリがうめくように言った、「その方は主だ。主がみこころにかなうことをなさいますように」(同18節)ということばの響きが、サムエルの胸にはいつまでも刻まれていたことでしょう。

初めてのメッセージ、これは神のことばを取り次ぐ者ならば、だれもが経験したものであり、時々思い出してみなければならない大切な意味をもっています。一週に一度生徒たちにお話をするとしても、一年には五十回以上になります。それを何年も続けるなら、おびただしい回数になるわけです。その数えきれなくなるほどのメッセージを重ねながら、あなたは、

「初めてのメッセージを思い出せますか」

「それはどこで、だれに語ったどんな内容のものでしたか」

「その時の自分の気持ちや、準備のことなどが記憶にありますか」

文字どおりの最初ではないとしても、最初のころのその経験が大切です。

私は救われた喜びこそありましたが、基礎や訓練が十分でなかった時期からCS教師になりましたので（あのころは現在のような行き届いた学びの場や書物が、非常に少なかったのです）、今思えば、私のお話はまさにお話そのもので、メッセージとは言い難かったと思います。現在の私が牧師としてそのころの私の話すのを聞いたら、「君、それじゃおとぎばなしだよ」と注意しなければならないようなものだったのです。私は、そんなところから始まりました。

大変幼い状態の奉仕ではありましたが、今もそれを忘れることはないのです。

私たちが奉仕を何年続けていても、失ってはならないものを、初々しいサムエルの初めてのメッセージに学ぶことができます。それは何でしょうか。

1　神にある平安

不思議な気もしますが、神の黙示を受けた少年サムエルは、その生まれて初めての神経験と衝撃的なその内容にもかかわらず、そのまま朝まで眠りにつくのです。「サムエルは朝まで眠り、それから主の宮のとびらをあけた」（同3・15）とあるからです。

彼は無神経だったのでしょうか。何のかのと言っても、やはりまだ幼かったのでしょうか。そうではないと思います。彼はそれをエリに告げるのを恐れるほどに、それなりの分別をもち、賢さをすでに身につけていたのですから、事の深刻さが理解できずに平気で寝てしまったということではなかったはずです。それはちょうど、大暴風にもまれる舟の中にありながら、眠っておられたイエス様（マタイ8・24）にも見られた、神にある平安がもたらすものではなかったでしょうか。

神にある平安、これはCS教師が生徒の前に立つ時に、決して失ってはならないものです。特に子どもは敏感に教師の状態を感じ取ります。極端に言えば、上手なメッセージができなくても、生徒に安心感を与えることができたら、そのCS教師は用いられていると言えるでしょう。

人に安心を与えることができるのは、自分も安心している人です。ですから神にある平安を、いつも保つことが大切なのです。教師も悩みをもちます。心から離れない問題のために、落ち着かない気分で生徒に接しなければならないこともあるでしょう。疲れたからだを引きずるようにして、奉仕にあたる日もあるでしょう。準備の不十分さが、不安を生むこともあり得ます。しかしそうであればあるほど、私たちには神にある平安が必要です。

小さな弱い私たちを変わりなく見守りながら、助けの手を伸べてくださる主を、その都度仰ぎましょう。そして神にすべてをゆだねて、平安をもちましょう。パウロは「彼らは、私の心をも、あなたがたの心をも安心させてくれました」（Ⅰコリント16・18）と言って、ステパナ、ポルトナト、アカイコという人々に感謝しています。CS教師もまず生徒の心に安心を与えられるように、自らも神にある平安に満たされていたいものです。

2　恐れとためらい

眠りに落ち、そして新しい朝を迎えたサムエルは、いつものように宮のとびらをあけます。それが彼の務めだったからです。いつものように眠り、いつものように自分の務めを果たしたのは、前に述べたように彼が神にある平安の中にあったからに違いありません。その夜まで個人的には神を知らなかった彼でしたが、神の直接のみ声に触れることによって、彼にはだれも奪うことのできないものが与えられました。パウロ風に言えば、何ものも神の愛から引き離すことはできないということだったと思います（ローマ8・38〜39）。

しかしそれとは裏腹に、彼の心にはどうすればよいのかという課題が残されました。「サムエルは、この黙示についてエリに語るのを恐れた」（Ｉサムエル３・15）からです。その恐れは、長年師事してきたエリに対する、遠慮であり、子どもながらの配慮でした。

サムエルが師に対して心を配ることができたことは、彼の知恵と謙遜さを示しています。聞いたことを、それも相手にとってうれしくない内容のことを、不用意に、無遠慮に話すほど彼は幼くはなかったのです。エリの立場、エリの気持ち、エリと自分との関係などを考えると、いかにそれが神のことばであったとしても、語ることを恐れたのでした。

サムエルがもったこのような恐れやためらいは、やや内容に違いはあるにしても、ＣＳ教師が神のことばを語る者として、同じようにもっていなければならないものではないでしょうか。ＣＳ教師はある遠慮深さを失ってはならないと言ってもよいでしょう。神のことばを語るのだ、福音を伝えるのだ、すばらしいことを教えてやるのだ、罪を指摘してやらねばならないなどというように、謙虚さを失って奉仕するとしたら、それはいささか、自分の分をわきまえないことにならないでしょうか。

私たちに託された福音のメッセージは、どこまでもすばらしい神のことばです。しかしそれを伝える私自身は、どこまでも救われた罪人にすぎません。未熟で足りない点をたくさんもつ、一人のしもべなのです。それを思うと、相手がたとえ幼子であったとしても、その前で語ることに恐れとためらいをもつのがむしろ自然なのです。

ある牧師がこんな意味のことを言っておられました。

「説教を聞けというような気持ちで、説教をしてはならない。私のような者の話すことを、よく聞きにきてくださいました、という気持ちで講壇に立つべきだ」

サムエルにとってエリは師であり、はるかに年長者でした。ですから自然にそうなれたのかもしれません。しかし、CS教師にとってほとんどの場合、相手は年少者です。そうであれば、長い間には恐れやためらいは失われ、自分のすることが当たり前のようになりかねません。しかしそうであってはならないのです。主が天国に最も近い者と評価された幼子の前で、CS教師が何の恐れもためらいもなしに語れるとしたら、むしろ要注意といえます。CS教師は、意識して生徒の前でへりくだらなければならないのです。

メッセージを語る時、私たちは大胆でなければなりません。人を恐れてはならないのです。しかし同時に、謙遜であり、聞き手への愛と配慮を失ってもならないのです。それを可能にするのは聖霊です。「神が私たちに与えてくださったものは、おくびょうの霊ではなく、力と愛と慎みとの霊です」(Ⅱテモテ1・7)ということばが、そのことを明らかにしています。聖霊の助けをいただきながら、語る者でありたいものです。

3　神のことばを語ること

サムエルに学ぶことのできる、神のみことばの奉仕にあたる者が失ってはならない第三のものは、神のみことばを伝えるという姿勢です。

サムエルがどのようにエリに語ったかということについて、「それでサムエルは、すべてのことを話して、何も隠さなかった」（Ｉサムエル３・18）と書かれています。それはエリが願ったことでもありました。サムエルがエリに語ったのは、神が語られたとおりであり、神が語られた以上でも、以下でもなかったのです。ＣＳ教師の奉仕の基本は、ここにあります。

ＣＳ教師は、生徒の年齢や状態に応じて話し方に工夫をこらします。視覚に訴えたり、一緒に何かを作ったりしながら、みことばの真理を伝えようとします。黙って聞いてくれる大人と違って、それは忍耐と努力を要する仕事です。ただでさえ、人に話すということは、決してやさしいことではありません。中には話としてだけなら、耳にたこができるくらいに聞いている生徒もいるのです。

ある時たまたま通りかかった公園で、ピクニックに来ていたどこかの教会学校の生徒たちが、集会をしていました。若い男の先生がダビデとゴリヤテの話をしていました。先生はなかなか上手に話し、生徒たちも楽しく聞いているようでした。ところが一人だけ、そばにある木に登ったり降りたりして、聞いているのかいないのかわからない子がいました。

いよいよ話がクライマックスに達しました。先生が言いました。

「ゴリヤテはドスーンと地響きを立てて倒れました」

その時です。まことに見事なタイミングで、その子が叫んだのです。

「ハイ、それまで！」

こういう生徒は、

「お話としては、よく知っている」

「聞いていないのかと思うと、ちゃんと聞いている」

「しかもなお、神のことばを必要としている」ということには違いありません。

いろいろな状態にある生徒たちを相手に、教師は苦労するわけです。ですからついテクニックに走り、本質を見失うことにもなりかねません。しかしどんな工夫をし、どんな材料を用いようとも、伝えなければならないのは聖書のみことばであり、神のメッセージなのです。

そのことを忘れないでおきましょう。「神のことばを曲げず、真理を明らかにし」（Ⅱコリント4・

2）とあるとおりです。

さて、サムエルが初めて語った神のメッセージをもとに、いくつかのことを述べてきました。私たちも語るたびに初めて語るかのように、慣れや惰性に流れないように心がけながら、初々しく生徒の前に立ちましょう。

私が結婚した時、教会は小さな開拓教会でした。結婚式の次の日曜日の礼拝は、私たちを入れて三人でした。

十年くらいたって、人数もまあまあとなってきたころのある日、妻がこう言ったのです。

「開拓のころあなたの説教を聞いていて、何を話しているのかよくわからなかったけれど、聞いていて涙が出ました。このごろようやく、話していることはわかるようになったけれども、涙が出なくなりました。」

これは恐らく初々しさの問題ではないかと思います。語る私に、初々しさが欠けてきていたのではなかったでしょうか。（そして、やや皮肉を込めて言えば、聞き手である妻にも、聞き手としての初々しさが失われてきていたのかもしれません。）

神の奉仕者がいつまでも失ってはならないもの、それは初々しさなのです。

エリに学ぶ熟達

エリに学ぶことができるのは、その熟達した働きです。後でもあらためて触れますが、エリには二人の息子たちの指導の面で、大きな失敗があり、そのことがもとで、彼の家は神のさばきに遭うことになります。

しかし彼は、サムエルという後の偉大な預言者の幼少時代の育成において、見るべきものを示しているのです。エリがサムエルに示した姿には、責任を果たすという点で、熟達したものを学ぶことができます。

パウロは若い伝道者テモテに、「あなたは熟練した者、すなわち、真理のみことばをまっすぐに説き明かす、恥じることのない働き人として、自分を神にささげるよう、努め励みなさい」（Ⅱテモテ２・15）と勧めましたが、若くても、ＣＳ教師としての経験が浅くても、目指す一つの方向は、熟達であることを自覚しましょう。

エリがサムエルに対して果たした責任、それはＣＳ教師が生徒に対してもっている責任でもあるわけですが、それを三つ取り上げていこうと思います。

一　人を預けられた者の責任

サムエルの母ハンナは、サムエルが乳離れした時にサムエルをエリのところに連れて行き、主にささげました。それはハンナが神に誓ったとおりにしたことでした。多分サムエルは二歳から三歳くらいになっていたのではないでしょうか。

その日から、サムエルは祭司エリに預けられました。エリには預けられた者の責任が伴うことになりました。ハンナは一年に一度だけ、小さな上着を作り、それを持って夫のエルカナとともに、礼拝に行きながらサムエルに会うのみでした。ですから実際には、サムエルについての責任は、完全にエリにありました。その時から約十年間、エリは親子以上に年の開いた小さなサムエルの面倒を見たことになります。もちろん他に人手があったことも考えられますが、責任はすべてエリが負っていかなければならなかったはずです。

わが家に帰りたい、母親が恋しい、神の宮の生活に飽いて遊びたい、いろいろな思いが幼いサムエルの心にもあったでしょうから、エリの苦労も小さくはなかったでしょう。

同じようにCS教師は、（むしろ教会学校はと言うべきかもしれませんが）生徒を預けられているということを自覚しなければなりません。多くのCS教師は、自分の担当する生徒と顔を合わせるのは、週に一度、日曜日だけかもしれません。その短い一時間ほどの間だとしても、教師は生徒を神から、また家庭から預けられているのです。実際には、その一時間だけではありません。かつて日曜学校という呼び方が主であったのが教会学校と変わっていった背景には、子どもたちへの働きは日曜日だけに限られるべきではなく、週日にもかかわってしかるべきだという姿勢に基づいていると聞きました。そうであるならば一層、私たちは彼らを預けられているのだという自覚を強くされなければならないはずです。

私がまだ二十代のころ、お向かいの家のお母さんが小学校一年生の男の子を教会学校に送ってくれました。その時、そのお母さんは言いました。

「やんちゃで乱暴で困ります。先生に預けますから、よろしくお願いします」

男の子はしばらく来ていましたが、そのうちに姿を見せなくなりました。本人に聞いても要領を得ないので、お母さんに尋ねてみるとこう言われたのです。

「先生に預けても、ちっとも変わらないのでやめさせました」

「そうですか」としか答えられなくて、何ともなさけないような、ちょっぴり抗議したいような複雑な気持ちになったことを、覚えています。

意味するところはやや異なるとしても、このお母さんが言った「預ける」ということ、逆に言えば「預けられた」ということの重みは大きいと思います。すべての親がそういう気持ちではなく、子どもが勝手に教会に通っているという場合も多いのですが、だからと言ってこの「預けられた」ということが変わるわけではありません。少なくとも神が「預けるよ」と言っておられるからです。「あなたがたは、その割り当てられている人たちを支配するのではなく、むしろ群れの模範となりなさい」（Ⅰペテロ5・3）ということばの中にある、「割り当てられている」ということばのもっている意味は、まさにこの「預けられた」ということであることを考えると、そのことがよく理解できると思います。

一般の学校も生徒を家庭から預かるのです。ですから時にはそのことが、「子どもを学校に人質にとられている」という表現で、悪い意味で言われることもあります。親の立場は弱いということを言っているわけです。

もちろん教会学校は悪い意味で、子どもを預かる（人質にとる）のではありません。しかし生徒を迎えるというのは大きな責任を伴い、教師である者が成長しなければならない世界も広いということを、わきまえておきたいと思います。

ではその点でどのようなことが、CS教師に必要でしょうか。それを三つの点から述べてみましょう。

1　知識の必要

CS教師の中で、初めから十分な聖書知識のあった人は少ないと思います。日本の教会の現実では、救われて間もない人がすぐに教会学校の奉仕に加わるケースが少なくないからです。正直に告白すれば、私自身、神学校に入る時点で聖書を一度も通読していませんでした。時代もありますが、たまたま試験がなかったこともあって、受け入れてもらいました。そんな私もすぐにCS教師として、中学生を教えなければなりませんでした。

同様なスタートをした教師が多くいるでしょう。それでよいかという問題はありますが、仮にそういうスタートをしたとしても、その後、意欲的に必要な知識を得ようとしないとしたら、そのほうがよほど問題といえます。

イエス・キリストの救いを与えられている人であれば、スタートが出遅れても、この奉仕は短距離競争ではなく、マラソンのようなものですから、成長を目指して努力すれば必ず祝福されます。とにかくまず聖書を読み、聖書のみことばの知識を増すことです。無限と言ってよいこの世界に、無限の期待をもって取り組むのです。

教えるためには知らなければなりません。幸いにその助けとなる書物はたくさん出版されています。親切過ぎるのではと思うほどでさえありますが、大いに学んでいきたいものです。聖書地理、時代背景、考古学の世界、キリスト教の歴史など、もし取り組もうとするなら、限りなくその分野は広がっていきます。『知識は人を高ぶらせ』（Ｉコリント８・１）とあるように謙遜でなければなりませんが、知らないことは威張れるものでもありません。

『キリスト教教育の探求』（福音文書刊行会）の中に、「幼稚科生徒に奉仕する大人は、知的な好奇心が強く、聖書知識も豊富で、世界についても良く知っている人でなければならない。子供たちの質問にも正しく答え得るものでなければならない」と述べられています。

幼稚科の生徒だから、適当な知識で足りるなどと考えたら大きな間違いです。そうであるなら、さらに年長の生徒たちを担当する教師には、知識の面で期待されるところも大きいと言えます。情報過多の時代ですから、たとえ生半可であるとしても、子どもたち自身もかなりの知識をもっているのです。それだけ教師も努力の必要があるということになります。まず基本的な聖書の知識から始めて、より多くの、より広い知識を吸収したいものです。

2　常識の必要

ずいぶん前のことですが、教会の青年会から、トラクトを持って家庭訪問をするので、そのための注意を牧師から聞きたいという依頼がありました。私はおじぎの仕方が大事だとアドバイスを与え、実際に一人ひとりにおじぎをさせてみました。ある人は抵抗を感じたらしく、あまり愉快そうではありませんでした。

慇懃《いんぎん》無礼ということばもあるように、ただ丁寧であればよいのではありません。やや乱暴ではあっても心は温かいということもあり、案外世間ではそんなほうが人気があったりします。とはいえ、生徒を預かる立場にあるCS教師には、やはりそれなりに望ましい礼儀や常識があることは否定できません。生徒自身に、あるいは家庭の親たちにつまずきを与えないために、CS教師が身につけていかなければならない常識があります。

常識や礼儀というものは、「常識を養う」とか「礼儀を身につける」と言うように、生まれついてもっているというより、さまざまな経験を通して、自ら心がけて獲得していく性質のものです。そのつもりがなければ身につきません。私自身、牧師になってからも、非礼、非常識のそしりを免れない失敗をしていますし、後になって思わず顔が赤らむようなこともありました。私たちの教会学校が、せっかく送られてきた子どもたちをそうした面で失わないために、いくつか取り上げます。

イ　あいさつ

昔ほどあいさつがうるさく言われなくなりましたが、あいさつはお互いの交流の入り口ですから、CS教師自身から心がけてみてはどうでしょうか。生徒に対して、その親に対して、あるいは仲間の教師に対して「おはようございます」「こんにちは」から始めて、「ありがとうございます」「ごめんなさい」「よろしくお願いします」や「こんにちは」といったあいさつをあいまいにしないで実践することです。そのことで作り上げられていくものは決して小さくないはずです。ある日の新聞に載った投書を一つ紹介しましょう。

「先日、駅前の大衆食堂へ入った。客は五、六人しかいなかったが、狭い店なので、すでにいっぱいという感じだった。

注文したものがきて食べていると、割と若いお母さんと二人の子どもが入ってきた。三つ続いた席はなく、私の右側が二つ空いていたので、左へ一つ寄った。お母さんがていねいに『ありがとうございます』とお礼を言った。私も軽く会釈した。食べ終わり、出ていこうとすると、『お兄ちゃん、ありがとう』という声が聞こえた。振り返ると、さっきの子どもたちが声をそろえて『ありがとう』ともう一度、照れくさそうに言った。お母さんに教えられて言ったようだったけど、こちらもかえって照れくさかった。

最近、子どもがきちんとお礼が言えず、何よりも親がそれを教えられなくなった、と言われる。そんな中、この子どもたちはとてもかわいく、お母さんも礼儀正しい人だった。きっといい〝先生〟なんだろうな、と思いながら、梅雨空に少しさわやかな風を感じた」

（学生　23歳）

私も経験しますが、教会学校に来た子どもに「おはよう」と言っても、あいさつが返ってこないことがあります。子どもに限らず、大人の中にもそういう人が増えているようです。そうであればこそ、人間関係や社会の潤滑油でもあるあいさつを、教会学校から実践し、また教えていかなければならないと思います。CS教師がこの投書の中のお母さんのような、礼儀正しく、良い〝先生〟になる必要があるのではないでしょうか。

ロ　手紙・電話・訪問

CS教師は、生徒やその家庭に向けて、手紙を書き、電話をかけ、訪問をすることがあります。生徒の安否を問い、出席を励まし、行事の案内をするなど、必要で重要な働きです。ところがこの面で常識を欠くことがあると、逆効果になってしまうこともあるので、注意しなければなりません。

手紙（あるいは印刷物）について言えば、

「表現に気を配る」

「誤字がないようにする」

「責任の所在をはっきりさせる」などが、大切ではないでしょうか。

どこで、だれが目にするか知れません。なるべく複数の人でチェックし、最終的に校長や牧師に確認してもらうことも必要です。献金の依頼などの場合には、特に注意しなければなりません。

電話についてはどうでしょうか。

機械化された現代の日本を代表するものの一つは電話です。何と便利であり、また何という普及度でしょう。

私が初めて電話をかけたのは十二歳の時でした。遠くにいる父と話すのに、何をどう言ってよいのかわからずに、どぎまぎしたのを覚えています。ところが今の子どもたちは違います。いとも日常的に電話を手にし、近所の友だちと遊ぶにも、電話で約束してから行くということです。

ですからCS教師も電話を活用します。ただここにも常識が必要です。電話のかけ方があるということです。

特に生徒の家族がまだ教会学校や教師についてよく知らない場合などは、家族は教師の電話のかけ方を通してその理解を深めていくわけです。電話は相手の顔が見えないのですが、それだけにかえって敏感に相手の状態を感じることができるともいわれます。電話の前でおじぎをしていることを、笑ったり無意味であると言ってはならないのです。

寝そべって電話をかけていた人が、相手に言われました。

「寝ころがって話してないか?」

そこでびっくりして、なぜわかったのかと聞いたところ、

「何だか、声が低いところから聞こえてくる」

という答えであったとか。

とにかく電話をかけるということを、あまり軽く考えてはならないということです。

また、現在では携帯電話を持っている小学生も急増しています。小学六年生の携帯電話所

持率は四割に迫る勢いです。固定電話へかけるより、より個人的な対応が求められますので、配慮はさらに必要です。子どもの持っている携帯電話にかけるのか、親の持っている携帯にかけるのか、それによっても変わると思います。携帯はパーソナルなものなので、ついつい口調がくだけたものになりがちですので、特に気をつけましょう。

いずれにしても生徒やその家族に連絡を取る時、固定電話がふさわしいのか携帯がふさわしいのかそれぞれのケースで判断しましょう。

ＣＳ教師が生徒の家庭に（あるいは教師の家庭に）電話をする時のこころえを、いくつかあげておきましょう。

「教会学校のだれそれであることをまず名乗り、あいさつをする」生徒が最初に出た場合も同じ。

「相手の都合を聞いてから話す」

「用件を明確に、なるべく短く、努めてはきはきと話す」

「ことばづかいは、もちろんていねいであること」

「夜遅くは避けること。どうしても仕方のない場合は、失礼をわびる」

これらは最低限のマナーです。

次に訪問について。

休んでいる生徒を誘うため、家庭に教師である自分を知っておいてもらうため、何かの連絡のため、生徒の状況を知るため、ＣＳ教師は生徒の家庭を訪問する必要があります。

有名な話ですが、靴屋で働いていた少年ムーディが、同じクラスの大学生たちに気後れを感じて教会学校を休み始めたことがありました。受け持ちのＣＳ教師だったキンボール先生が彼を訪問しなかったら、後の偉大な伝道者ムーディはなかったかも知れません。

訪問はとても大切な働きです。それだけにやみくもに訪ねればよいわけではありません。生徒は喜んで来ていても、家族は反対していることもあります。家族は喜んで送ってくれているのに、本人が気乗りしていない場合もあります。そうした状態を、より正確にとらえながら、それに応じた訪問のしかたがとられる必要があります。訪ねる時間、頻度もそれに応じて判断しなければなりません。

家族に対しては、態度やことばをていねいに、キリストの証人という意味でも、良い印象を残すことができるように努めなければなりません。生徒を訪問しているうちに、家族が導かれたという例もあります。いずれにしても、非常識な訪問というそしりを受けないように注意したいものです。

ハ　男女のこと

男女のあり方についての常識や感覚は、時代や世代によってずいぶん違います。従って私のもっているこの点についての常識が、若いCS教師や子どもたちの常識になるかどうかはわかりません。

ただ、なぜ男女のことをここに取り上げたのかと言えば、子どもたちを預かる立場にある教会学校が、このことについてルーズであることは許されないからです。この点についての常識や感覚が世代によって、やや違いはあったとしても、そんなことはどうでもよいことだと考えている人は誰もいないでしょう。

異性に対する関心や結婚についての知識において、不十分とはいえ早熟になっている現代の子どもたちです。若い男女のCS教師がたまたま一緒にいたというだけで、「愛してるの？」などと聞いてくるのです。ある幼稚園の先生は生徒から、「ぼく、先生を愛してる」と言われてあわてたそうです。もっともこれは、「好きだ」ということだったのですが。

こうした社会の状況を踏まえて、けじめだけはきちんとつけていないと、教会学校としての責任を果たせないことになります。

ふだんの教会学校の活動の中で、あるいはキャンプや夏期学校のような機会に、必要なけじめがついていなかったために、思わないことが起きた、というようなことがないようにしなければならないのです。聖さと恵みにあふれた場である教会学校は、同時に誘惑や危険も隣り合わせてあるのだということを、忘れてはならないのです。

ではそのけじめとは、何でしょうか。それは適度な〝間隔〟を保つことであると言っておきましょう。

あるパンフレットに、「間隔の悪い人」という見出しで、こんな一文がありました。

「間隔は『感覚』ではなく、あくまでも間隔である。例えば、電車の五人座れるシートの変な位置に座って四人しか座れなくする人。エスカレーターの中央に立って、他人を通れなくする人。立ち話する時に妙にくっついてきたり、変に離れて話しにくい人。列をつくっている時、背中に体温を感じさせる気持ちの悪い人など、都会生活の中で、他人と心地よい距離を保てない人のことをいう」

なるほどと思わせられるおもしろい説明ですね。これを借りて言えば、男女のあり方において、ＣＳ教師がここに言われているような〝間隔の悪い人〟であっては困るわけです。そうではなくて、むしろ適度な間隔を保つ感覚をもった人になることが大切ではないでしょうか。

少なくとも、次の三つの関係の中に、CS教師はけじめをもち、あるいは養っていく必要があるでしょう。

「教師と生徒の間に」
「教師同士の間に」
「生徒たちの中に」

教会学校がこうした面でも、聖書的で健全な模範を示し、家庭からも十分な信頼を得ることができるようでなければならず、そのために教師一人ひとりの自覚が必要であることを知ってほしいのです。

3　良識の必要

知識、常識に続いて、良識の必要ということをあげておきたいと思います。

世の中では一般に、〝良識〟ということばは案外、〝常識〟とあまり変わらない意味で使われているようですが、〝常識〟が社会習慣的な意味合いが強いとすれば、〝良識〟はもっと一人の人間としてのわきまえの意味合いが強いことばではないでしょうか。ですから、一人の人間として神を信じ、神の前に生きることを大切にするクリスチャンは、よりこの〝良識〟において豊かになっていくことが、期待されていると言ってよいでしょう。

そうであるとすれば、CS教師を務める人にもそれが望まれることは、当然であると言わなければなりません。それは一体どういうもののことでしょうか。

CS教師に望まれる〝良識〟とは、神との交わりの中に養われていく、わきまえのことです。

あるいは、神が与えてくださる、

「判断力」

「選択力」

「注意力」であると言ってもよいでしょう。

例えば子どもたちに熱心に話している教師があったとしましょう。その教師は使命感に燃え、何としてでも自分が語ることをわかってもらおうと一生懸命です。しかしその内容、ことばが子どもには難解であり、そうであるために聞き手のほうはすっかり疲れています。けれども教師はそんなことは意に介せず、ますます熱を込めて話し続けているとしたら、その教師の熱心はよいとしても、彼はある判断力において課題があると言わねばなりません。つまり良識を欠いているのです。

これくらいの年齢の子どもには、何分くらいの長さの話が適当かということは、常識の範囲の問題です。しかしいかに熱心とはいえ、相手の状態を考えなかったり、それに気がつかないというのは、良識の問題なのです。そのあたりに常識と良識の違いがあります。

CS教師は教師会で、生徒たちのことを話題にしなければならないことがあります。時には、その家庭背景や家族の問題を取り上げることもあります。

生徒の救いや信仰の成長のために、それがどうしても必要なことも多いのです。しかしその必要の範囲を越えて、知り得たことを他の教師にむやみに話したり、個人の勝手な憶測でものを言ったり、ましてや脱線して、興味本位のうわさ話になったなどということがあるとすれば、それは話題の選択をする力が乏しいという意味で、良識を疑われても仕方がないということになります。

あるいは、教会学校に来ている生徒たちをあまりに単純にそのうわべだけで色分けをし、かわいい、かわいくない、頭が良い、悪いなどということで評価するとしたら、それはたましいを扱う奉仕にあたる者として、人間というものに対する注意力が不足しているという意味で、やはり良識が問われることになるでしょう。「人はうわべを見るが、主は心を見る」（Iサムエル16・7）とあることを忘れてはなりません。

いくつかの悪い例をあげながら、ＣＳ教師に期待される良識について記しました。これらの例からわかると思いますが、教師が自分中心である時に、良識は乏しくなるのです。自分の人間的な物差しや満足度などによって奉仕し、生徒に接していくと、良識を欠いた行動となってしまいやすいのです。

パウロは「私たちは今後、人間的な標準で人を知ろうとはしません」（Ⅱコリント５・16）と言いましたが、自分の好みや傾向にとらわれず、神の人に対する見方、神のものの見方が自分のものとなるように、祈り求めていきたいものです。

人を預けられた者の責任として、以上、知識と常識と良識が必要とされることについて記しました。

この三つはどれもが、ＣＳ教師には必要なものです。しかし、初めからこれらを十分に備えている人はまれでしょう。たいていは不十分なところからスタートしていきます。けれども成長しなければなりません。そして熟達を目指していきます。すべては神が可能にしてくださいます。

二　神の声であることを教える者の責任

エリとサムエルのやりとりの中に、私たちは三つのことを知ることができます。

「神はサムエルに声をかけられたこと」

「しかしサムエルは、それが神の声であることに気がつかなかったこと」

「それが神の声であることを教えたのは、エリであったこと」（直接に教えてはいませんが）

この三つのことは、非常に大切なことです。

サムエルがエリのもとにやってきた時、エリは始めのうちはそれこそサムエルが寝ぼけでもしたと思ったことでしょう。ところがそのうちに、ああ、これは主がこの子を呼んでおられるのだと、気づいたのです。「そこでエリは、主がこの少年を呼んでおられるということを悟った」（Ⅰサムエル3・8）と書かれているとおりです。

ここでエリの偉さが発揮されます。彼は、

「主が少年を呼んでおられるのだと気づく、霊的感覚の鋭さをもっていました」

「主が自分にはもうほとんどことばをくださらなくなっているのに、少年には語りかけておられるということをねたまなかった謙虚さをもっていました」

「それを隠さずに、サムエルに適切な助言を与える指導力をもっていました」

エリはさすがでした。彼はこのことにおいて、生涯で最も重要な責任を果たしたといえるでしょう。

同じような責任が、ＣＳ教師にも与えられているのです。それは、神の声であることを教える責任です。

始めの三つのことが、そのままＣＳ教師にも当てはまります。

「神は子どもに語りかけておられる」

「しかし子どもは、それが神の声であることに気がついていないことがある」

「それが神の声であることを教えるのは、ＣＳ教師の責任である」

神は子どもたちを愛し、いつも声をかけておられます。子どもに神さまのことはわからないなどと、決めつけてはなりません。彼らはただ、気がついていないだけなのです。

では、ＣＳ教師がこの点においてエリのようであるためには、どんなことが大切であるかを考えてみましょう。

1　生徒に対する敬意をもつこと

聖書にも記されているように、イエス・キリストは幼い子どもに高い評価を与えておられます。ところが弟子たちと同様、大人はどこかで子どもというものを軽視し、ことばは悪いのですが、なめていることがあります。それがもしCS教師にあるとすれば、その教師は、神が生徒に声をかけておられることがわからずに、ただ自分の得た知識を切り売りするだけの教師にとどまるのではないでしょうか。

ある人がイギリスに旅をして、そこで見たことを話してくれました。

電車の中のことです。小さい男の子が座っていたところに、老婦人が乗ってきました。するとその子の母親が「あなたはジェントルマンでしょう」と言ったそうです。男の子はすぐに立って、席をゆずりました。老婦人がにっこりして座りながら、その子に返したことばは、「サンキュー、サー」であったというのです。

この出来事の中で、この子どもは、母親からも、また初めて会ったお年寄りからも、紳士として扱われたのです。そこには子どものくせにとか、まだ小さいのだからという、軽視と甘やかしが同居している、間違った扱いを見ることはできません。

こうした点でCS教師が、自分の前にいる生徒をどのような目で見ているかということは非常に重要なことです。

子どもが、

「人格をもった一人のたましいであり」

「神に愛され、神が声をかけておられる存在であり」

「日々に育ちつつあるものである」ことを忘れてはならないのです。

CS教師が生徒を前に、自分は大人であり、教える立場であり、何か優れた存在であるかのように錯覚したら、それは大きな間違いではないでしょうか。「あなたがたは、この小さい者たちを、ひとりでも見下げたりしないように気をつけなさい」（マタイ18・10）ということばを、よく味わいましょう。

ずいぶん前の話になりますが、こんなことがありました。私の娘が幼稚園に行き始めたころのある日、ぐずって行きたがらないのです。そこで私は一計を案じ、身ぶりで電話をかけるまねをしたのです。

「もしもし、園長先生ですか。うちの子が幼稚園に行きたくないと言っていますが、代わりにお父さんが行ってもよいでしょうか」

すると小さい娘は顔色を変えて、「行く、行く」と言って、出かけていきました。それから、数年して、娘は小学校に入りました。またまたある日、何のせいか、行きたがらないのです。そこで私もまたまた、あの手を使いました。

「もしもし、校長先生ですか。うちの子が行かないと言っているので、お父さんが代わりに行ってもよいでしょうか」

その時、娘はあわてず、騒がず、こう言い放ったのです。

「そんなにふざけてばかりいると、牧師さんはできませんよ」

私はぎゃふんとなりました。娘はちゃんと成長していたのです。成長していなかったのは、父親のほうでした。思い出しては苦笑する昔の出来事ですが、似たような意味で、私たちのどこかに、子どもを甘く見ているところがあるのではないだろうかと考えるのです。

騒いでばかりいて少しも話を聞こうとしない生徒、反応がなく何を考えているのかわからない生徒、表面は良い子ではあるが深いところで抵抗している生徒など、CS教師が手をやくような子どもがいないわけではありません。そうした生徒にも、そしてどんなに小さな子どもにも、神が声をかけておられるのですから、教師は彼らを神の前のジェントルマン、レディーとして、心から敬意を抱くことが大切ではないでしょうか。

2　機会をとらえること

物事にはタイミングがありますが、エリは、神がサムエルのためにもっておられたその重要なタイミングを逃さなかったという意味でも、十分に責任を果たしたと言えます。

神がサムエルに声をかけるのは、別にその夜でなくともよかったように思われますが、やはりそれはその夜でなければならなかったのです。それが神のタイミングだったからです。神はエリとサムエルのそれぞれの年齢や状態、また彼らを取り巻く周囲や時代の状況をすべて見ながら時を計り、事を実行なさったのです。「神のなさることは、すべて時にかなって美しい」（伝道3・11）のです。

こうした神のタイミングに私たちが適確に応じられるかということは、CS教師にとっても、非常に大切なことです。生徒が神の声を聞き、心を動かされ、キリストを信じる機会が訪れているのに、それに気がつかないとか、適切な指導をしなかったということがあるとすれば、それは大変残念なことです。逆に、まだ機会がきていないのに無理に信じさせるといったことをしてはならないことは、いうまでもありません。

生徒のために機会をとらえることのできるCS教師であるためには、ふだんからの生徒に

対する
「理解」
「重荷」
「祈り」が必要です。

そして教師自身が主との親しい交わりを保ち、聖霊の働きに鋭敏であれば、神のタイミングをとらえることに失敗しません。

CS教師には、生徒に福音を伝え、彼らのたましいを永遠のいのちに結びつける、すばらしい使命が与えられているのですから、漫然と奉仕するのではなく、この面でも熟練することを祈りつつ、あの子のために、この子のために、いつがその機会であろうかと心を躍らせながらその時を待つようでありたいものです。生徒が大きくなってから、「あの先生は結局、何をしてくれたのだろう」と思うようなことがないようにしましょう。

カーライルが晩年になってから星空の美しさに魅せられ、「なぜだれかが、私に星座を教えて星に親しませてくれなかったのか。いつも星座は頭の真上にあるのに、今日までそれをろくに知らないのだ」と言って嘆いたそうです。

将来、同じような嘆きを、しかもさらにすばらしい救いについて、私たちが責任を与えられている生徒がもつことのないように、ＣＳ教師は悔いを残さない奉仕をしたいものです。

2　時代と生徒の現実を知ること

「そういうわけですから、賢くない人のようにではなく、賢い人のように歩んでいるかどうか、よくよく注意し、機会を十分に生かして用いなさい。悪い時代だからです」（エペソ5・15〜16）とパウロは言っています。

「時代」について考えてみましょう。

神が子どもにも声をかけておられることは、昔も今も少しも変わっていません。イエス・キリストによる救いの計画も、またその力にも少しの変化はありません。しかし、時代とそれに伴う社会と生活の現実は、実に大きな変貌を遂げました。ですから、昔と変わった状況の中に生まれ育った子どもたちのもっている感覚や傾向にも特徴があることは、当然のことです。

現代の子どもたちと、昔の子どもたちと、どちらが神の声を聞きやすい状況にあるのかについては、軽率な断定を下すことはできませんが、ＣＳ教師は少なくとも、生徒たちがどんな時代、どんな社会に生活しているのか、だからどんな感覚と特徴をもっているかなどについて、観察を怠ってはなりません。そうでなければ、教師自身が、どれが神の声であり、どれが人の声であるかの区別がつかず、結果的に、エリがサムエルに与えたような指導をすることができないかも知れないからです。

大人と子どもの違いの代表的なものを三つあげれば、

「ことば」

「感覚」

「知識」ではないでしょうか。

まず、ことばが違います。

冗談半分ですが、「走馬灯のように」と言う表現は「早送りのビデオのように」とでも言わなければ、通じないでしょう。

感覚が違います。

音楽を例にとれば、今の子どもたちや若い人たちのもっているリズムの感覚は、とうてい私などの及ぶところではありません。

ある教会で一人のお年寄りが、青年会の印刷物を見て、「若い者は漢字を知らん」と言ったところ、「じゃあ、音符を読めますか」と言い返されてしまったそうです。

知識が違います。

生まれた時からそばにテレビがある現代の子どもたちは、大人と比べて、その知っていることの内容も、質も、量も、ことごとく違っているはずです。どちらが良い、悪いということではありません。子どもたちの現実がどうであるかということなのです。

こうしたことの中で、少なくとも、

「進化論」

「科学全般」

「人間の知恵」に対する過信が、子どもたちに神の声を聞きにくくさせています。

それらは神の存在や力を否定する考え方をもっているからです。その点では現代はやはり「悪い時代」なのであり、それだけＣＳ教師は、機会を生かすようにしなければなりません。

時代は子どもたちの考え方に対してばかりでなく、精神や肉体にも影響を与えます。

すぐに「疲れた」と言う子どもや、ふさぎがちな子ども、転んでも手が出ない子どもや、虫が飛んできても目をつぶれない子どもなどが増えています。

この目をつぶれない子どもについて、ある人は、テレビを原因にあげます。この時代の子どもたちは小さい時から長時間テレビを見て育っています。テレビの中では、戦争があって弾丸がビュンビュン飛んでいたり、けんかがあって殴り合ったりしています。子どもは目を見開いて、その画面を見つめます。しかし画面からは、弾丸も飛び出してこなければ、げんこつが突き出されるわけでもありません。こうしたことに慣れてしまった子どもが、本物の虫が飛んできても、反射的に目をつぶることができなくなったのではないだろうかというのです。

ほかの現象も、それぞれ何らかの原因があるはずです。時代が反映する社会の状況が、確実に子どもたちに結果しているのです。

こうした現実の中で、子どもたちが神の声を聞くことの妨げになるものが何か、目の前にいる生徒がなかなか神の声に耳を傾けないのはなぜかと、彼らの現実とその隠れた原因を探り、とらえていく賢さをもつことが、いつか生徒に「それは神の声だよ」と教えることができる幸いにつながっていくに違いありません。ＣＳ教師のこの面での熟達をも、期待したいものです。

三　育て養う者の責任

「少年サムエルは、主のみもとで成長した」（Ⅰサムエル2・21）
「一方、少年サムエルはますます成長し、主にも、人にも愛された」（同26節）
「サムエルは成長した。主は彼とともにおられ、彼のことばを一つも地に落とされなかった」（同3・19）

サムエルの幼少年期について、聖書は特に、彼が「成長した」ということを強調しています。右にあげた三つの記録が、それを示しています。始めの二つは、サムエルが神の声を聞く前のことであり、三つ目は、その後のことになります。

いずれにしても、彼がハンナの手を離れた幼児の時から、立派な少年に育っていったその過程が、目に見えるようです。その成長の過程において、聖書のことばが明らかにしているのは、「主」の臨在です。サムエルは意識しなくとも、彼は主のみもとで成長したのであり、またそうであるゆえに、彼は愛される存在でした。彼の成長は、全く神の恵みによるものであり、神の遠大なご計画の中にあるものでした。

また、サムエルの成長のかげには、言うまでもなく、ハンナやエルカナの祈りと、隠れた協力のあったことも認めなければならないでしょう。

「サムエルの母は、彼のために小さな上着を作り、毎年、夫とともに、その年のいけにえをささげに上って行く時、その上着を持って行くのだった」（同2・19）と書かれているからです。

しかし、前にも述べたように、サムエルの成長に最も直接に貢献したのは、何と言ってもエリではなかったでしょうか。どのようにかは具体的には、聖書には書いてありませんが、朝に夕に、そして長年にわたって、エリはサムエルを育て養いました。そうでなければ、あの夜にサムエルがエリが呼んでいるなどと思うはずはなかったに違いありません。

日々、親しく生活をともにし、教えを受ける者であったからこそ、夜中でも「はい。ここにおります。私をお呼びになったので」と、かけつけて行ったのでしょう。

ですから、エリなしには、サムエルの成長を考えることはできません。エリこそ、サムエル成長のかげの立役者であったと言っても、過言ではないはずです。

「けれどもあなたは、学んで確信したところにとどまっていなさい。あなたは自分が、どの人たちからそれを学んだかを知っており、また、幼いころから聖書に親しんで来たことを知っているからです」（Ⅱテモテ3・14～15）のことばは、そのまま、エリとサムエルの関係に当てはまるものです。

ＣＳ教師は、生徒と日々に生活をともにしているわけではありませんし、必ずしも長年にわたって指導に当たるとも限りません。しかし、形や程度に違いはあっても、ＣＳ教師もやはり生徒を育て養う責任を与えられているのです。そうであるとすれば、その点においてＣＳ教師は、どのようなことを心がけておけばよいか、考えてみましょう。

1　小さい牧師になること

ＣＳ教師は、生徒たちの牧師のようなものです。教会の牧師そのものではありませんから、ミニ牧師とでも言っておきましょうか。英語で牧師のことを、ミニスターと言いますから、ミニミニスターです。ミニスターというのは、もともとしもべを意味することばですから、さしずめ、小さなしもべということになりましょうか。ＣＳ教師は、それくらいの謙虚さをもって奉仕するのがよいかもしれません。では、小さい牧師には、どんなことが期待されるでしょうか。主要なことを、三つだけあげてみましょう。

イ　メッセージを語ること

ＣＳ教師の奉仕の大部分が、ここにあることは、多くのＣＳ教師の現実でしょう。神のみことばの真理を、

「わかりやすく」

「聖書から離れずに」

「実際的に」

「いつも新鮮に」

「自分も信じ、体験したものとして」

「大体はいつも同じ相手に」

「毎週のように」話すということは、実は、大変なことなのです。

ＣＳ教師の奉仕が、これしかないとしても、決して容易なことではありません。それだけに、それは何と厳粛で高貴な使命でしょうか。ＣＳ教師はそうした使命に召されたことを自覚して、この奉仕のために、全身全霊をもってあたっていただきたいのです。繰り返しますが、この奉仕のために謙遜であるように、いつも自分に言い聞かせてください。そのことのために、Ｃ・Ｅ・ジェファソンのことばを紹介しましょう。

「キリストの力をもって説教するためには、キリストの心にある何ものかを持たなければならない。彼は柔和で謙遜である。謙遜はキリスト教道徳の女王である。主の祝福のリストの中で、第一の王冠は謙遜に与えられている。人は幼子のようにならなければ、天国にはいることはできない。常に幼子のようでなければ進歩しない。いつも人に教える者は、絶えず人から学ぶ者でなければならない。彼は多くを語らなければならない。だからこそ、だれに対しても耳を貸す責任がある」（『牧会と説教者』いのちのことば社）

ロ　世話をし、導くこと

聖書の話をするだけでも簡単ではないのですが、CS教師の働きは、それだけのものであってはならないのです。できるだけ生徒と接して、触れ合いの中から信仰の導きを与えたり、現実の問題に助けの手を伸べること、時には一緒に遊んだり勉強を見ることができたら、大きな助けとなるでしょう。

多くのCS教師は、フルタイムではなく、自分の仕事をもちながらの奉仕ですから、決して容易なことではないと思います。忍耐のいる仕事です。犠牲も小さくはないはずです。

自分は一生懸命にしたつもりのことが、受け入れられるとは限りません。むずかしい生徒にぶつかることもあります。話だけで「さようなら」ならともかく、少しでも真剣に生徒にかかわろうとすれば、それは教会の牧師と変わらない働きです。

私が牧師として、繰り返して心に思うみことばの一つは、「すべての人に優しくし、よく教え、よく忍び」（Ⅱテモテ2・24）です。なかなかそうなれないのですが、何度も自分に言い聞かせます。

これを牧会のモットーとして、私なりに言い換えてしまうならば、次のようになります。

「いばらない」

「いそがない」

「いじけない」

この三つの〝い〟を、CS教師の皆さんも心がけ、生徒を心から愛して、お世話していただきたいと思います。

ハ　模範となること

いつか、教会のそばで、子どもが叫びました。

「先生が横断歩道じゃないところを渡ってる」

見ると、CS教師の一人が、まさに横断歩道ではないところを、走って渡るところでした。

私が、まだ青年牧師であったころ、熱心にきよめられることの必要を説教で語りました。

ある時、教会員の一人に、説教の終わった後でこう言われました。（その人は今でも、ＣＳ教師を務めておられます）

「もし、きよめられるということが、先生のようになることであるなら、私には、いりません」

私は生涯、このことばを忘れないでしょう。それは、その人が言ったというよりも、神がその人に言わせたように思うからです。

「生徒はＣＳ教師の語ることを、よく聞いています」

「生徒はそれなりに、ＣＳ教師を尊敬し、期待もしています」

「生徒はＣＳ教師を見ています」

「生徒は、ＣＳ教師の教えることと、することが違っていると、失望し、信頼しなくなります」

例えば、教会学校が始まる時間において、ＣＳ教師は、

「遅刻をしないことで、時間を守るということの模範となれます」。教師がいつも生徒に迎えられるようでは困ります。

「もし何かの事情で遅刻してしまった時でも、子どもに対してきちんとわびることで、自分の非を素直に認めることの模範となれます」。相手が子どもだからと、ごまかしてはなりません。

模範になるということは、生徒たちの目に映るところにおいてばかりでなく、すべてのところで、自分が教えているように、自分が生活するということでもあります。あるいは生徒に期待することを、自分も実行するということでもあります。

生徒たちに、元気よく歌うことを期待するなら、自分も大人の集会で大きな声で歌うべきです。自分が話す時に、きょろきょろしたり、動き回って欲しくないなら、自分も説教を聞く時に、身を入れて聞くべきです。

こうした教師のふだんの姿を、生徒は見ているわけではありませんが、神が見ておられて、それに応じてその働きを祝福してくださるのです。教師自身が生き生きとした霊的経験をもち、信仰生活を喜びとすることによって、良い模範者とならせていただきたいものです。

2　同労者と良い関係を保つこと

ＣＳ教師は、特殊な場合を除いて、一人で奉仕するということはないでしょう（最近は教会学校の生徒が減少し、一人ということもあるかもしれません）。複数の奉仕者が協力して、働きを進めているに違いありません。

大小の違いはあれ、一つの教会学校として、教師会を構成し、校長がいて、それぞれが担当するクラスの責任をもつ。補助者がいたり、教師ではないけれども、奉仕に加わっている人がいたりします。

ＣＳ教師は、生徒を育て養う責任をもった者であると言いました。その責任を果たすために、まず同労者との間に、キリストにあって良い関係をもち続けることが、どんなに大切なことでしょうか。

イ　他の教師との関係

子どもたちの前で、「みなさん、お友だちとはなかよくしましょうね」とにこにこしながら話すＣＳ教師が、仲間の教師となかよくできなくて、教師会の場でも、渋面を作っているとしたらどうでしょう。「神さまは、なんでもお祈りに答えてくださるのですよ。だから、どんな時にも祈りましょうね」と教えながら、同労者との間の行き違いが原因でわだかまりをもち、祈る元気もないとしたらどうでしょう。同労者との間がどうなっているかということは、神の働きに携わる者にとって、決定的と言ってもよい問題なのです。ここでもやもやしたものをもってしまっていると、力ある働きはできません。

同じ奉仕に当たっていても、教師それぞれには違いがあります。

「年齢や性別が違います」
「信仰をもってからの年月の長さと、その背景が違います」
「CS教師になってからの経験が違います」
「賜物が違います」
「気質やタイプが違います」
「生活の場や社会的な背景が違います」
「ものの考え方が違います」
「興味を覚え、感動する世界が違います」

まだあることでしょうが、これらはあってもよい、いや、なければおかしい、各自の違いです。ところがこうした違いが、健全にとらえられないと、お互いの間に、行き違いや混乱、つぶやきや不満、やっかみやしっとを生みます。それぞれが教会学校に熱心であればあるほど、かえって困難が大きくなったりします。それでは子どもたちのために、良い働きができないことは、言うまでもありません。

「各人のもつ違いが、同じ教会学校の働きという同一方向のためにあるのだということを、いつも意識しましょう」

「各人のもっている違いが、主の働きのために十分に生かされるように祈りましょう」
「各人のもっている違いを認めながらも、自分を意識し過ぎないように、注意しましょう」
ある人は自分だけはダメだと、思い込んでいます。主の働きの中で、ダメな人はいないのです。ある人は自分だけは正しいと、思い込んでいます。

話は少し違いますが、教会を批判して、「この教会には、偽善者があふれていますね」と言った人があったそうです。すると牧師が、「あふれているというほどではありません。もう一人くらい入る余地はありますよ」と、ユーモアをもってたしなめたとか。

いずれにしても、CS教師は、教師お互いのためにも祈りながら、良い協力関係を保っていきたいものです。もし教師同士が、こだわりやわだかまりのある時には、なるべく早く解決を図り、重い心で生徒の前に立つことのないようにしなければなりません。

「つぶやかないで、互いに親切にもてなし合いなさい。それぞれが賜物を受けているのですから、神のさまざまな恵みの良い管理者として、その賜物を用いて、互いに仕え合いなさい」（Iペテロ4・9〜10）とあるみことばを、心にとめてください。

口　教師会との関係

CS教師は、教師同士の個人的な関係においてばかりではなく、当然のことながら、教師会に対しても、責任あるあり方を保っていくことが必要です。

「出席することにおいて」

「立案や報告や提出物の分担において」

「学ぶことにおいて」無責任であることは許されません。

私的なことがこれらに優先したり、どうでもよいように振る舞うことは、戒められなければなりません。私的なことでも、どうしても逃れられないこともあるでしょう。その場合、欠席の届けを怠ってはなりませんし、出席できない時には、それを補う努力が必要です。教師会もチームワークですから、それを損なわないように、助け合い、励まし合っていきましょう。

ハ　教会との関係

教会学校は一般に、教会と離れて存在することは少ないと思います。従って、CS教師は、教会の信任と任命によって、その務めに当たるのです。

時に、人手不足のために、何となく頼まれたという感じで教師をしているという人がありますが、そうであるとついつい責任感が薄くなりがちです。

教師をしていない教会員は、CS教師の労苦を思い、教師のために祈り、協力をすべきであり、人ごととしていてはならないのです。一方、ＣＳ教師は、神の召しと教会の祈りによってその務めに任じられていることを忘れずに、それにふさわしく行動することによって、教会に対しても責任を果たすべきです。

人によっては、ＣＳ教師ばかりでなく、教会の他の奉仕をいくつも引き受けていることがあります。時間のやりくりや、意識の切り替えに苦労することもしばしばでしょう。自分の生活や家庭のことも投げ出すわけにはいきません。肉体的に疲労もします。それは本当にご苦労なことです。

しかし、そうであればあるほど、自分の立場や責任をよくわきまえ、物事をルーズにしないで、教会の中でも良いあかしを立てていただきたいと思います。それが子どもたちを育て養うという責任を果たすことに、すべてつながっていくのですから。

3　神の前に生きること

ＣＳ教師が、子どもたちの良き指導者であるための最高の秘訣は、その人が、神の前に生きることです。

ここであらためて、エリについて、学んでみたいと思います。エリは、九十八歳で、悲劇的な死を遂げています。

「主の契約の箱をペリシテ人に奪われ」

「二人の息子を一度に失い」

「そのショックのためか、彼も席からころげ落ちて死ぬのです」（Ⅰサムエル4・5〜18）

「彼は四十年間、イスラエルをさばいた」（同18節）とありますから、もう六十歳近くなってから、イスラエルの指導者として、活動を始めたことになります。残念なことに二人の息子たちが神を恐れず、罪から離れなかったために、イスラエルから神の栄光は遠ざかり、ついに神の怒りが下ったのでした。

そういうわけで、恐らくエリの晩年は、心休まることはなかったに違いありません。息子たちの悪業を全く放っておいたわけではなく、「子たちよ。そういうことをしてはいけない」（同2・24）とたしなめています。しかし息子たちは、少しも反省しようともしないのですから、エリは身の置き場もなかったことでしょう。

加えて、主は、息子たちの罪の責任は、エリにもあるとして、一人の神の人によって、エリの家に対する断罪を言いわたされるのです（同2・27〜36）。サムエルが、あの夜、初めて聞いた神のことばの内容も、実はそれであったのです。

こういうわけですから、エリの晩年のただ一つの楽しみと喜びは、サムエルの成長であり、神の声に接した後に、預言者として一本立ちして行く彼を、見守ることであったかも知れません。「あの方は盛んになり私は衰えなければなりません」（ヨハネ3・30）というバプテスマのヨハネがキリストと自分について言ったことばが、あるいはエリの気持ちであったかも知れません。

このような生涯であったために、一般にエリはあまり高い評価を得ていません。事実、いわゆる聖書人物伝のようなものに、彼の名を見ることはほとんどありません。模範的ではないわけです。しかし私は、エリもまた、神の前に生きた人物であったと思います。

確かに彼は、自分の子どもの教育においては失敗者でした。それは言い訳の許されない痛恨事でした。けれども、サムエルもまた、同じ点において失敗者であったのです。サムエルが老いた時、彼の息子たちが罪を犯し、それがイスラエル人たちが、王を求めるきっかけになっていったという事実があったのです（Iサムエル8・1～6）。

エリとサムエルの息子たち、いずれも二人ずつが、どちらも恥ずべき罪に落ちていったとは、これはまた何と皮肉な符合でしょうか。

この同じような失敗について、神の扱いはサムエルに対するほうが、はるかに寛容であるように思えます。それがなぜであるかは、私にはわかりません。

ともかく、その失敗と暗い晩年の日々にもかかわらず、エリは神の前に生き、そして神に用いられたと言って差し支えないのではないでしょうか。

エリは、サムエルを育てるのに、大きな貢献をしています。すでに学んだように、このことだけでも彼は神に用いられたのでした。

自分の失敗を認め、それに対する神の決定に黙って従っています。神の前では、人は、失敗したかしないかよりも、自分の失敗に対してどのように振る舞うかということによって計られるのです。

「その方は主だ。主がみこころにかなうことをなさいますように」（同3・18）と言っていますが、そこに彼の信仰の姿勢がよく表れています。彼は神にあらがわず、そのみこころに従うことをもって、自分の生き方にしていたのです。少なくとも彼は、そのように生きようとしたに違いありません。

エリは、人々にもうわさとなるほどに明らかな息子たちの罪の現実の真っただ中にあって、サムエルを育て養ったのです。これも偉大なことであり、エリの熟達した器量の表れです。

私たちにとって最も大切なことは、神の前に生きることです。神の前に正直であり、神が知っていてくださるということに安らい、神の栄光のためにということをいつも目的に生きることです。そのために日々、神との交わりをもち、主の十字架を仰ぎ、聖霊の助けを求めることが必要です。CS教師を務める人々にとって、特にそのことが不可欠であり、責任でもあり、それがそのまま生徒を育て養うことに反映していくのです。

いつか私たちの教会の祈祷会で、中学科を担当しているCS教師が、こんな意味のあかしをしていました。

「最近わかってきたことは、生徒たちの状態というものは、教師である私たちの信仰の状態がどうであるか、教師たちが一致しているかによって決まってくるのだということです。それに気づいた時、教師である自分自身が、神さまの前に、もっと真剣でなければならないと思いました」

それを聞いて私は、主が、この教師にすばらしいことをわからせてくださったと思い、感謝したのでした。

さて、CS教師が熟達していかなければならない分野は、限りなく広いことでしょう。しかし成長させてくださる主に信頼しながら、努力していただきたいと思います。

「これらの務めに心を砕き、しっかりやりなさい。そうすれば、あなたの進歩はすべての人に明らかになるでしょう。自分自身にも、教える事にも、よく気をつけなさい。あくまでそれを続けなさい。そうすれば、自分自身をも、またあなたの教えを聞く人たちをも救うことになります」（Ｉテモテ４・15〜16）

おわりに

最後に、教会学校の働きそのものについて、少しだけつけ加えたいと思います。ここでは、サムエルを教会学校の生徒に見立てて、彼の成長の過程から整理してみることにしましょう。サムエルについて書かれた、次の三つの記録に注意してください。

①「サムエルはまだ幼く、亜麻布のエポデを身にまとい、主の前に仕えていた」（Ⅰサムエル2・18）

②「少年サムエルはエリの前で主に仕えていた」（同3・1）

③「サムエルはまだ、主を知らず、主のことばもまだ、彼に示されていなかった」（同3・7）

この三つの記録は、前に引用した「成長した」という三つの記録とはまた別に、サムエルが身体的にも霊的にも成長していく、その段階を私たちに示しています。

①について。

「まだ幼く」とありますから、三歳ないし四歳くらいではなかったでしょうか。「主の前に仕えていた」とありますが、それは必ずしも意志的なものではなく、大人に言われるままの、大人によって作られた環境の中で、形と習慣においてということであろうと思われます。「エポデを身にまとい」というのも「エポデを着せられ」というほうが、正確だったでしょう。

親や師が言うように、素直に、疑うこともなく、そしてそれもまた、それなりに「主に仕える」ことであった段階です。

②について。

「少年」とありますから、すでに学んだように、十歳前後に成長していたと思われます。前の場合と違うのは、「エリの前で主に仕えていた」とあることです。「主に仕える」ことに変わりはありませんが、①で「主の前に」とあったのに対して、ここでは「エリの前で」となっています。少年に成長したサムエルは、無心に振る舞っていた幼時と違い、人を意識しながらの奉仕になっていたことを表しているのではないでしょうか。従順なサムエルですが、少しずつ自意識が芽生え、エリとの関係を考えながら奉仕するように変わってきていたと思われます。しかしこれも、「主に仕える」ことには違いはなかったのです。

③について。

これはサムエルの霊的状態を示す非常に重要な一句です。わざわざこういうことが書かれているということが、①と②について述べたことを証明しています。つまり、あの夜までもサムエルは主に仕えていることに違いはないのですが、それはまだ個人的な信仰に立つものではなかったのです。それがエリの導きによって、個人的なものに変えられ、その時から、あらためてサムエルは、主の前にあって、主に仕えるようになったのでした。

以上に整理したことは、教会学校に来ている子どもたちの状態、あるいは教会学校の働きの段階になぞらえることができます。すなわち、

第一段階……教会学校に来ているが、まだ個人的に主を知らない段階

第二段階……個人的に主を知る段階

第三段階……さらに信仰者として成長していく段階

教会学校に来ている生徒は、このいずれかの段階にあり、教会学校の働きは、そのどの段階のためにもあるものです。もちろん、教会学校に来ていない子どもたち、キリストについて聞いたことのない子どもたちに対しても、絶えず働きかけていかなければなりません。それもCS教師の伝道者としての重要な働きです。

第一段階（前述の①②③）の働きは、種蒔きにあたる期間です。幼くとも明確に救われる子どももいますが、途中から抵抗を始めたり、来なくなって、がっかりさせられることも少なくありません。しかし、この段階での働きを、いつも希望をもって続けたいと思います。

第二段階においての働きは、エリがサムエルに与えたあの夜の指導のように、生徒にキリストの救いを個人的に確信させるものです。教会学校の働きは、第一段階でとどまってはなりません。子どもたちも救われなければならないということを忘れずに、祈りながら努力したいものです。

第三段階の働きも大切です。子どもの決心が一時の気まぐれに終わらず、大人になっても教会にきちんとつながりながら、信仰生活を継続できるように、導く必要があります。

ＣＳ教師は、毎週の礼拝やクラスの中で、夏期学校やキャンプのような機会に、あるいはふだんの交わりを通して、生徒がどの段階にいるのかを把握し、祈りながら、次の段階への飛躍のために指導をしていくのです。考えてみる時に、ＣＳ教師は何と光栄ある働きでしょうか。

さて、あなたの前に、一人のサムエルがいます。そのサムエルのために、いつも初々しくあり、そして限りなく熟達することを目指していただきたいと、心から祈ります。

「ですから、私の愛する兄弟たちよ。堅く立って、動かされることなく、いつも主のわざに励みなさい。あなたがたは自分たちの労苦が、主にあってむだでないことを知っているのですから」（Ⅰコリント15・58）

改訂版『ＣＳ教師のこころえ』のおわりに

「この時代と教会学校の使命」

この本が最初に出版されたのは一九九〇年のことでした。

そこに書いたことは、どんな時代にも必要である、基本的な「ＣＳ教師のこころえ」でした。しかし、その時からおおよそ四半世紀が経過し、この世のありさまは大きく変わりました。ＣＳ教師としての基本は変わりませんが、子どもたちを取り囲む状況の変化には心を配る必要があります。そのために、少しばかり、ここにつけ加えることにしました。

この四半世紀の間に、〝戦争の世紀〟といわれた二十世紀が終わり、人々は「ミレニアム」を合言葉に、暗い陰を振り払えるのではないかという期待をもって二十一世紀を迎えました。しかし、期待とは逆に、世界中を震撼させるテロや自然災害の頻発、虐殺や飢餓の現実は、この世紀を〝恐怖の世紀〟と呼ばせるかのようです。そして、時代の変化の早さと多様化の激しさは、かつてのどんな時代とも比較にはなりません。

いま教会学校がその働きの対象にしているのは、二十一世紀になってから生まれ、二十一世紀の空気を吸って育ってきた子どもたちです。彼らは間違いなくこの時代の影響を受けています。何よりも憂えなければならないのは、この時代が、彼らを福音から引き離すことはしても、それに近づけることはしないということです。

聖書の中の一場面を思い出します。病気に苦しむわが子を、キリストの弟子たちのもとに連れてきた父親をめぐる出来事です。イエスは答えて言われた。「ああ、不信仰な世だ。いつまであなたがたといっしょにいなければならないのでしょう。いつまであなたがたにがまんしていなければならないのでしょう。その子をわたしのところに連れて来なさい」（マルコ9・19）

イエス・キリストが嘆かれたこの時と同じように、私たちも現在の「不信仰な世」に生きており、子どもたちも例外ではありません。そこで、子どもたちを取り巻いている現在の特徴には、どんなものがあるかを考えてみようと思います。

ＣＳ教師の基本的なこころえは変わりませんが、この時代の子どもたちが影響を受けているこの世の傾向について知っておくことは大切なことであり、教師自身も、同じ影響下にあるからです。

インターネット文化の進歩

たまたま目にした光景でしたが、マンションのエレベーターから降りてきた三人の親子がありました。お父さんと中学生くらいの女の子と少し年少の男の子でした。その三人が、そろって手にスマホを持ち、その画面に目を注いだまま通り過ぎていったのです。

今や幼児までが自分の携帯電話を持ち、それだけでなく、彼らがそれを巧みに操作できるという文化が出現したのです。しかも、その世界がものすごい勢いで変化し、発展し続けています。小さい時から、それを当たり前とする世界に日々を過ごすことによって、彼らの思考や生活習慣、人とのコミュニケーションのあり方が決まっていきます。

子どもたちが友だちと遊ぶにも、ケータイで「アポ」をとり合うことが当たり前になっています。私たちが子どもの頃、友だちの家の前で「〇〇くん、遊びましょう」と呼び合ったものでしたが、そのような習慣はもうどらないのでしょうか。

「かげ口」というものがあります。人のうわさや悪口を当人のいない所で話し合うことです。〝陰〟で話すから「かげ口」なのです。ところがネット上で人を非難できるようになりました。しかも、匿名でできるものですから、こそこそとではなく、いわば言いたい放題なのです。こういう傾向は、世の中をどのように変えていくものでしょうか。

インターネット文化のもたらした便利さを否定することはできません。現に私はこの原稿を書くのに、大いにその恩恵をこうむっています。

しかし、車のナビゲーターに反発して、わざと違う道を行く人があるように、人々が機械に馴らされ、服従させられるというおかしさが問題視され始めているのも事実です。少なくとも、インターネットの進歩は、人々に性急さを増殖させても、聖書が教える忍耐を育てることはしてくれないに違いありません。

道徳や倫理の意識の低下

ある作家の指摘を紹介します。

「ふつうの人の〝ふつう〟の質が下がっている」

「ふつうの人」の定義は難しいのですが、「特別に目立つわけではないが、世の中の一般常識くらいは心得ている人」といったところでしょうか。ところが、現代は、ふつうの人と思って関わりをもつと、考えられないような態度をとられたり、常識を疑いかねない現実にぶつかることが多くなりました。ふつうのレベルが下がってしまったのです。

笑い話のような本当にあった出来事を紹介します。

観光地で若いカップルが食べ物の包み紙を散らすのを見た大人が言いました。

「親の顔が見たいものだ」

若い人が答えました。

「ふつうの顔をしてるよ」

昔がすべてよかったというのではありませんが、世の中全体の良識が低下したことは否めないでしょう。〝モンスター○○〟といって揶揄されるような人の出現やテレビや雑誌の低俗さは、このことと無関係ではありません。

私は、時々、教会学校でもっと礼儀を教えられないものかと思います。

教会学校は子どもたちにイエス・キリストを伝えます。それは当然のことであり、第一のことです。

けれども、それとともに、家庭や学校で教えなくなっている礼儀を聖書から教えるべきだと思うのです。その結果、家に帰った子どもが礼儀正しくなったら、親はきっと目を見張り、驚き、教会学校の価値を認めるのではないでしょうか。「愛は……礼儀に反することをせず」（Ｉコリント13・4、5）とあるからです。それには教師や大人から始める必要があるといったら皮肉でしょうか。

戦後民主主義のもたらしたもの

戦争の大きな犠牲の上に、日本は民主主義国家となりました。平和で民主的であるということは、どんなに幸いなことでしょうか。

しかし、日本の民主主義は〝戦後民主主義〟という言い方もあるように、独特の偏りをもったものとして育ってしまいました。

しばしば指摘されるように、権利の意識ばかりが強く、義務や責任の意識が弱いという傾向がそこに生まれてしまったのです。その結果でしょうか、事件が起きるたびに責任が問われますが、そのわりにだれも責任をとらないということが少なくありません。

だれもがものをいい、主張できることは幸いですが、それに伴わなければならない「聞こうとする心」が育っていないと混乱が生じます。

「この世には恐ろしいことが一つある。それはすべての人間の言い分が正しいということだ」と言った人があります。双方とも正論であり、お互いが主張のみを振り回すために、かえって一致できず混乱を生んでいることへの警句です。

また、誤った平等意識が育ったのも事実です。

かつてはどこにも〝こわい人〟という存在がありました。子どもにとって、親も学校の先生もおまわりさんも、とにかく大人はみんなこわい存在でした。けれども、先生を「せん公」、警察官を「ポリ公」、天皇を「天ちゃん」と呼んではばからない気風が育ち、ただ人を横並びにしただけで、かえって社会に必要な秩序や礼節が欠けてしまいました。

〝こわい人〟を持つということは、意外に大切なことではないでしょうか。それは、神という存在に対する恐れに通じるからです。

人はすべて神の前に平等です。しかし、人を人とも思わないような意識をもたらす誤った平等主義は、真の民主主義に似つかわしいものではありません。

以上に述べた三つのことは、それぞれが論理的につながっているわけでもなければ、この時代の特徴を網羅したわけでもありません。この時代に存在するある現実を指摘したのみです。ほかにも、あまりの豊かさであるとか、水面下で進められつつある戦争を是とする風潮の問題など、さまざまな現実が複雑にからみ合っています。そして、かつて少年少女であった人たちが、日本は神国であり絶対に負けないと教えられ、それを百パーセント信じたのと同じように、二十一世紀の子どもたちも、間違いなくこれらの時代の現実に影響されながら育っているのです。

さて、教会学校に集まる子どもの減少が課題になっています。子どもたちを連れてこなくても、黙っていても来てくれた時代は去りました。だからといって、私たちが彼らに福音を伝える使命がなくなったわけではありません。そういう時代であればこそ、教会の責任はむしろ大きくなっているのです。

聖書の語るすばらしい世界を知らずに、「不信仰な世」に流され、傷ついていく彼らのことを思うと心が痛みます。

いじめに遭っている子どもがいます。いじめられるので学校に行きたくない、それを親にも言えない、うつうつと朝を迎えなければならない子どもの心とはどんなに寂しく孤独なものであるか、それを想像すると胸をしめつけられます。そういう子どもたちを捜して教会学校に迎え、彼らが朝を喜んで迎えられるようにできないものでしょうか。

その意味で、「その子をわたしのところに連れて来なさい」という主の声は、一層強く響いているのです。

教会学校の賛美にも時代とともに変化が見られます。私などがこれまで聞いたことのない、新しい歌が歌われているのにびっくりします。

子どもたちが、「なげだしたくなる時もある　そんな時にこそおもいだす……」と歌っています。私はそのリズムについていけなくて、目をしろくろさせているのですが、でも、それを聞きながら「本当だ。アーメン」と心のうちに叫ぶのです。

教会学校教師の皆さん。投げ出さずに、主のもとに子どもたちを連れてこようではありませんか。

野田　秀

二〇一三年十二月

野田秀　（のだ・しげる）
1932年、韓国ソウル市生まれ。東北大学法学部卒、イムマヌエル聖宣神学院卒。元フリーメソジスト桜ヶ丘教会牧師。
著書に『聖書のおはなし』、『牧師の責任　信徒の責任』、『恵みの輝く朝』、『教会の"調和"』『教会生活のこころえ』、『礼拝のこころえ』（いずれも、いのちのことば社）等がある。

改訂版 CS教師のこころえ
2014年2月15日 発行
著者　野田　秀

発行　いのちのことば社 CS成長センター
164-0001　東京都中野区中野 2-1-5
電話 03-5341-6958　FAX 03-5341-6960
ホームページ　http://www.wlpm.or.jp

ISBN978-4-8206-0321-4　C0016